Der Felsen – geliebt – gehasst

Helga Capitain

novum pro

www.novumverlag.com

Bibliografische Information
der Deutschen Nationalbibliothek:

Die Deutsche Nationalbibliothek
verzeichnet diese Publikation in
der Deutschen Nationalbibliografie.
Detaillierte bibliografische Daten
sind im Internet über
http://www.d-nb.de abrufbar.

Alle Rechte der Verbreitung,
auch durch Film, Funk und Fernsehen,
fotomechanische Wiedergabe,
Tonträger, elektronische Datenträger
und auszugsweisen Nachdruck,
sind vorbehalten.

© 2016 novum Verlag

ISBN 978-3-95840-097-9
Lektorat: Dr. phil. Ursula Schneider
Umschlagfoto:
Pavel Ilyukhin | Dreamstime.com
Umschlaggestaltung, Layout & Satz:
novum Verlag

Gedruckt in der Europäischen Union
auf umweltfreundlichem, chlor- und
säurefrei gebleichtem Papier.

www.novumverlag.com

In der fast unerträglichen Mittagshitze stand eine Cessna MAX 208 abseits auf einem abschüssigen Rollfeld mitten in Buenos Aires. Die Sonne schimmerte in bunten Regenbogenfarben über den Asphalt. Die Insassen warteten schon seit Stunden auf ihren Weiterflug, der sie nach Moyoloppa bringen sollte, eine Leprastation mitten im brasilianischen Urwald. Dort bekamen leprakranke Mütter ihre Babys und starben meistens bei der Geburt. Die infizierten kleinen Wesen brauchten dringend Hilfe. So machte sich eine Handvoll Ärzte auf den Weg dorthin. Ein Jahr lang stellte das weltweit tätige Leprahilfswerk Professoren und namhafte Doktoren frei, um dort zu arbeiten und zu forschen.

Dr. Werner Kleinert, Professor an der Hochschule Heidelberg, hatte sich entschlossen, an diesem Projekt teilzunehmen. Er wusste, dass es nicht leicht sein würde, seine Frau dafür zu begeistern. Doch er hatte sich getäuscht. Irene wollte lieber ein Jahr die brasilianische Hitze ertragen als ein Jahr der Trennung. Dafür liebte er sie sehr. Er schaute auf seine Jungs, brav lagen sie aneinandergekuschelt auf der gegenüberliegenden Sitzbank. Manchmal konnte auch er seine Zwillinge kaum auseinanderhalten. Sein Blick ging zu seiner Frau, zärtlich schaute er sie an. Dieses eine Jahr hatte sie ihm zugestanden, und dass sie die Jungs mitnahm, machte sein Herz weit und warm. Irene blinzelte ihm zu, lächelte und schloss wieder die Augen.

Die Hitze war unerträglich. Er stand auf und verließ die Maschine. Die Transportklappe stand noch offen. Er schaute hinein. Beim Verladen der Gepäckstücke hatte er einige Wasserkanister bemerkt. Er nahm einen davon und kostete das Wasser. Es war kühl und genießbar. Mit dem Kanister in der Hand stieg er wieder ins Flugzeug.

Sein alter Professor saß da, in Papieren und Lektüren vertieft.

»Hier, Heinrich, ist etwas Wasser.«

Dankbar nahm der Professor einen Schluck, befeuchtete sein Taschentuch und wischte sich über das erhitzte Gesicht. Liebevoll und besorgt schaute er seine Frau an, die neben ihm saß.

»Franzi, wie geht es dir?«, fragte er sie.

Sie aber ließ die Augen zu und nickte nur.

Werner lächelte und schaute besorgt nach hinten, die hochschwangere Frau tat ihm leid. Er ging zu ihr und fühlte ihren Puls. Es fühlte sich nicht gut an. Er befeuchtete ein Tuch und wischte ihr Gesicht und Nacken ab, dankbar ließ sie es zu. Ihre Augen wanderten zu ihrem Mann, der wie ein aufgescheuchtes Huhn hin und her lief.

»Geben Sie doch endlich Ruhe«, raunte der Franzose und schüttelte den Kopf.

Ein bunter Vogel, dieser Franzose, aber ein sehr guter Bakteriologe und in diesem Team herzlich willkommen. Er streckte seine Hand aus und kitzelte die Füße, die zu einem knabenhaften Körper gehörten. Das Gesicht war wunderschön, die schräg stehenden Augen geschlossen, die feine Nase leicht erhöht und der Mund ein wenig geöffnet. Er schaute sie lange zärtlich an. Er hatte sie nicht nur mitgenommen, weil er sie abgöttisch liebte, sie war auch eine hervorragende Krankenschwester und Psychologin. Er brauchte sie an seiner Seite.

»Wissen Sie, warum es so lange dauert, bis wir weiterfliegen?«, fragte er Werner.

»Das Warten und die Hitze machen uns alle verrückt.«

»Verstehen kann ich es auch nicht«, sagte Dr. Thomas Winterfeldt, der hinter Louis saß.

»Irgendwann wird es schon weitergehen.«

Dr. Thomas Winterfeldt war die Ruhe selber, deshalb wurde er auch so geschätzt und geliebt. Als er beim internationalen Ärztekongress erfuhr, dass man eine Klinik für leprakranke Säuglinge im brasilianischen Busch erbauen und einrichten wolle und er bei dem Aufbau dabei sein durfte, war seine Begeisterung groß. Seine Familie konnte er mitnehmen, aber er wusste von der Gefahr, die von dort ausging. Er würde nie das Leben seiner Frau und seines Kindes aufs Spiel setzen, dann würde er lieber auf diese einmalige Chance verzichten. Aber Maren war begeistert. Sie war mit Leib und Seele Ärztin, Heilpraktikerin und Biologin.

»Es kann nichts passieren!«, rief sie, als Thomas es ihr erzählte.

»Wir werden der Klinik fernbleiben, ich könnte aber Studien betreiben, ein Labor einrichten, Heilpflanzen sammeln und euch bei der Heilung der Patienten helfen. Oh Thomas, sag zu, und lass uns für ein Jahr dorthin fahren!«

»Ja, mein Schatz, wir fahren.«

Da saßen sie nun, in diesem kleinen Flugzeug, irgendwo abseits auf einem verschmutzten Rollfeld mitten in Brasilien, und warteten auf den Piloten.

Maren hatte ihren kleinen Sohn auf die hintere Sitzbank gelegt, er war endlich zur Ruhe gekommen und schlief. Ihr linkes Bein hatte sie schützend vor ihn gelegt. Werner kam mit dem Wasser zu ihr.

»Machen Sie sich ein wenig frisch, es tut gut«, sagte er lachend und reichte ihr das Wasser.

Sie lächelte zurück, schüttete das kühle Nass in ihre hohle Hand und ließ es über ihr Gesicht laufen.

»Danke«, sagte sie leise.

Er ging den schmalen Gang zurück und schaute jeden besorgt an. Bei Vera blieb er stehen.

»Wie geht es Ihnen?«

»Es geht mir gut, danke.«

»Und dem Baby?«

»Auch«, hauchte sie.

Werner sah Steffen von Stetten immer noch draußen herumlaufen. Er ging zu ihm.

»Sie sollten auch ein wenig ruhen und zu Ihrer Frau gehen, es geht ihr nicht so gut«, gab Werner ihm zu verstehen.

»Sie wäre mal lieber zu Hause geblieben«, raunte dieser zurück. Er ging dann doch zu seiner Frau, küsste sie auf die heiße Stirn und setzte sich neben sie. Er schloss die Augen und dachte zurück ...

Sie hatten sich so gefreut, als sie den Wettbewerb um das Bauvorhaben des kleinen Klinikums gewannen. Viele Architekten hatten sich darum beworben. Freundlich und hell hatte er die

Häuschen gestaltet und sie wie Bienenwaben aneinandergehängt, auch die Wohnungen der Ärzte durfte er bauen. Ihre Arbeit war ihnen so wichtig und nichts anderes hatte Platz in ihrem Leben. Doch es sollte anders kommen, Vera wurde schwanger. Die Vorbereitungen für das Projekt dauerten an und kamen sehr spät zum Abschluss. Vera war jetzt im achten Monat schwanger und die Hoffnung mitzureisen schwankte ...

»Entweder ich komme mit«, sagte sie entschlossen, »oder du musst alle deine Pläne absagen.«

»Du bist hochschwanger, Vera, du schaffst das nicht, ich fliege für einen Monat, dann bin ich zur Geburt wieder hier.«

Dieser Nervenkrieg ging schon seit Tagen so. Vera war entschlossen, mit ihm zu reisen, und packte die Koffer. Niemals würde sie ihn allein reisen lassen, denn die Eifersucht in ihrem Herzen würde sie auffressen. Ihr und dem Baby ging es gut. Sie würde reisen und keiner konnte sie davon abhalten.

»Also gut, kommt mit.«

Der Flug hierher war schon anstrengend gewesen und jetzt saßen sie hier in dieser mörderischen Hitze fest. Gestresst schaute er aus dem Fenster. Er sah einen Mann über das Rollfeld hasten. Er trug einen bunten Overall und das Käppi auf seinem Kopf war viel zu groß. Der Mann schloss die Transportklappe, schwang sich ins Cockpit und ließ die Motoren an. Er flog los.

»Endlich.«

Werner sah sich nach seinen Zwillingen um. Sie schliefen und verschmolzen zu einer Einheit. Auch Irene schlief. Er lehnte sich zurück, jetzt konnte auch er entspannt einschlafen.

Ein Krachen, Poltern und Splittern sowie ein markerschütternder Schrei erfüllten die Luft. Werner fuhr erschrocken hoch.

»Was war das?«

Er saß eingeklemmt in seinem Sitz, in seinen Beinen tobte ein unsagbarer Schmerz. Er versuchte, sich zu befreien, aber es war hoffnungslos. Er schaute sich verzweifelt um. Dort, wo Irene gesessen hatte, klaffte ein riesiges Loch, von seiner Frau keine Spur, die Zwillinge waren tot unter ihre Sitze gefallen.

»Irene!«, rief er laut und verzweifelt.

»Andreas, Johannes!«

Keine Antwort. Immer lauter rief er die Namen seiner Frau und seiner Kinder, bis er nur noch flüstern konnte. Was war nur geschehen?

Die Maschine war gegen einen Felsen geprallt und die Tragfläche hatte das Dach durchbrochen, mit solch einer Wucht, dass die Passagiere, die dort saßen, keine Chance gehabt hatten.

Er war der Verzweiflung nahe und sein Kopf fiel auf seine Brust. Als er wieder aufsah, sah er in das verstörte und erschütterte Gesicht von Franziska, die auf den Kopf ihres Mannes starrte, der von den messerscharfen Blechteilen abgetrennt worden war. Blut war überall. Der Versuch, sich aus der verklemmten Lage zu befreien, schien vergebens. Entsetzen packte ihn. Wo waren Irene und Vera? Im Gang, der noch intakt war, stand Ira, die Hände vors Gesicht gepresst. Hatte sie so furchtbar geschrien? Louis und der junge Doktor hingen leblos in ihren Sitzen. Maren saß noch immer auf dem hinteren Sitz, ihr linkes Bein lag obenauf, aufgeschlitzt, und das Blut strömte heraus. Tim war nicht mehr da.

Alles Grauenvolle und Furchtbare fiel von Werner ab, jetzt war er nur noch Arzt.

»Schaun Sie nach, ob sie noch lebt!«, rief er Ira zu.

Diese schaute ihn verstört an, verstand aber, was er sagte, und ging schnell zu Maren, fühlte ihren Puls und nickte ihm zu. Mit gekonnten Griffen band sie schnell das Bein ab und brachte das Blut zum Stillstand.

»Die Wunde muss versorgt werden, sonst verblutet sie uns.«

Vergebens versuchte Werner, seine Beine zu befreien. Die beiden Frauen mussten ihm jetzt helfen. Gemeinsam hoben sie die verschobenen Sitze hoch und zogen ihn heraus. Sie brachten ihn nach draußen und suchten nach seinem Arztkoffer, der irgendwo unter den Sitzen lag.

Maren hatte das Bewusstsein verloren, der Blutverlust hatte sie geschwächt. Draußen lag sie auf der kleinen Decke ihres Sohnes und Werner versorgte mit gekonnten Griffen schnell die große Wunde an ihrem Bein. Franziska und Ira halfen ihm dabei.

Sie sahen Steffen von Stetten aus dem Wrack taumeln, seine Arme hingen leblos an seinem Körper. Sein hässliches Lachen klang schaurig.

»Sie sind tot, sie sind alle tot.«

Franziska ging auf ihn zu und schlug ihm ins Gesicht, einmal, zweimal. Steffen kam augenblicklich zu sich und fiel in sich zusammen.

Werner untersuchte seine Arme, sie waren unterhalb des Ellenbogens gebrochen.

Franziska, die die Sitzgurte im Flugzeug abgeschnitten hatte, umwickelte jetzt damit Steffens Arme. Sie saßen fest und fürs Erste war ihm damit geholfen. Auch Werners Beine stabilisierten sie so. Das alles war eine Notlösung und sie hofften auf baldige Hilfe.

Langsam erwachte Steffen, er sah seine bandagierten Arme an und schüttelte den Kopf, er konnte das alles nicht begreifen.

»Wo waren Sie, als es passierte?«, fragte Werner ihn.

»Ich bin zur Toilette gegangen, dann krachte es. Bei dem Aufprall stützte ich mich ab, aber meine Arme knickten ein. Mit Gewalt befreite ich mich aus der Kabine. Draußen sah ich den jungen Arzt und den Franzosen leblos in ihren Sitzen hängen. Ich suchte nach meiner Frau, fand sie aber nicht. Als ich unter den zerbrochenen Flügel kroch, fand ich die toten Jungen. Auch sah ich den abgerissenen Kopf des Professors. Doch Vera fand ich nicht, da verlor ich völlig den Verstand.

Warum flog dieser Pilot nur auf diesen Felsen zu?«, erboste sich Steffen aufgebracht.

»Der Pilot, mein Gott, der Pilot, ihr müsst nach ihm schauen!«, rief Werner erschrocken.

Ira und Franziska gingen mit gemischten Gefühlen zum Cockpit. Der junge Mann, fast noch ein Kind, lag auf der Armaturenbank. Der Kopf hatte eine faustgroße Beule, aber er lebte. Vorsichtig trugen sie ihn hinaus. Kopfschüttelnd sah sich Werner den Mann an.

»Ich kann nichts für ihn tun, es liegt in Gottes Hand.«

»Lasst ihn doch krepieren!«

Wütend kam Steffen näher und schaute angewidert auf ihn herunter.

»Nein.«

Empört sah Werner ihn an. »Wie kannst du so etwas sagen? Wir Ärzte sind da, um zu helfen, egal, was er ist oder getan hat. Aber hier bin ich machtlos. Wir müssen auf Hilfe warten.«

Traurig schaute Steffen auf den jungen Piloten.

»Ich habe es nicht so gemeint. Lass uns auf baldige Hilfe hoffen.«

Werner schaute sich um. Er sah diesen riesigen Felsen und hörte das Meer rauschen. Fassungslos schüttelte er den Kopf.

»Hier können wir keine Hilfe erwarten. Er ist in die falsche Richtung geflogen, kein Flugzeug, kein Schiff wird uns hier suchen. Wir sind verloren.«

Steffen brauste auf.

»Und jetzt – und jetzt??«

»Jetzt werden wir eine Nacht hier verbringen und versuchen zu schlafen.«

Werner nahm aus seinem Koffer ein kleines Röhrchen und reichte jedem eine weiße Pille.

»Nehmt sie, ihr werdet gut schlafen und einige Stunden Vergessen finden.«

Er steckte seine Pille in die Tasche und schleppte sich zum Abgrund. Langsam dunkelte es schon und die Sterne kamen hervor. Er schaute hinauf, sein Herz war schwer, er dachte an Irene und die Zwillinge.

»Wo seid ihr – habe ich euch für immer verloren?«, murmelte er und rückte dabei dem Abgrund immer näher. Er schaute in die schwarze Tiefe.

»Wenn ich mich jetzt hinunterstürze, hat alle Qual ein Ende. Dann ist es vorbei.«

Er zögerte, sein Blick ging zurück zu den Menschen, die dort lagen und schliefen.

»Nein, ich kann und werde sie nicht im Stich lassen, sie brauchen meine Hilfe.«

Er schleppte sich wieder zurück. Am Flugzeug hielt er eine Weile inne. Es war totenstill – oder hörte er Hilferufe, irgendwo da draußen? Schon wieder – aber dann war alles ruhig. Er hatte sich wohl getäuscht.

Franziska und Ira hatten die Koffer ausgeleert und ein Lager bereitet, sie schliefen schon fest. Er legte sich dazu, nahm seine Pille. Sie wog schwer in seiner Hand, aber tapfer schluckte er sie hinunter und wartete auf den erlösenden Schlaf.

Franziska erwachte früh am Morgen. Sie ging zum Flugzeug und verharrte dort eine Weile, bevor sie zum Laderaum ging. Sie fand den Kanister mit Wasser und zwei Dosen Zwieback, damit ging sie zurück. Werner war aufgewacht, er weinte bitterlich und schämte sich seiner Tränen nicht. Franziska schaute ihn traurig an, trösten konnte sie ihn nicht.

Als er seine Fassung wiedergewonnen hatte, schaute er Franziska kopfschüttelnd an.

»Schau dich um, Franziska, wir kommen von diesem Plateau nicht herunter. Es geht fünfundzwanzig Meter in die Tiefe, das können wir nicht bewältigen, wir sitzen hier fest.«

»Oder wir steigen hinunter.«

Steffen war aufgewacht und hatte die Worte Werners gehört.

»Wir werden uns von der Kleidung eine Leiter bauen und damit hinuntersteigen. Entweder wir verhungern, verdursten oder wir stürzen ab. Wir werden es probieren.«

»Gut, lass es uns probieren.«

Bis spät am Abend saßen sie da und stellten eine Kette her. Franziska und Ira flochten und verknoteten die Kleidungsstücke miteinander. Immer wieder prüften sie die Länge, bis sie endlich am Fuße des Felsens ankam.

»Also los, Todesmutige vor«, meinte Steffen, »lasst uns beginnen.«

»Nein«, sagte Werner bestimmend, »erst morgen früh, wir müssen ausgeruht sein, denn es wird kein Kinderspiel werden. Wir werden noch einmal eine Nacht hier verbringen.«

Noch einmal nahmen sie dankbar die Pille von Werner an. Er selber schaute nach Maren und dem Piloten. Marens große Wunde sah gut aus. Die Delle am Kopf des Jungen entstellte etwas das südländische Gesicht.

»Was wird ihn wohl dazu bewogen haben, dieses Flugzeug zu fliegen? Ob wir es erfahren werden?«, dachte Werner und schaute traurig auf den jungen Mann. Er überprüfte noch einmal die Kleiderleiter, die sie an einer Felsennase befestigt hatten. Es war alles gut vorbereitet.

Die Sonne ging auf und warf einen warmen Glanz auf das Meer. Der Felsen leuchtete in einem reinen Weiß und unten wütete die Brandung. Franziska stand am Abgrund und hielt eine Jacke ihres Mannes in den Händen, die in der Leiter eingebunden war. Der Geruch von altem Zedernholz stieg ihr in die Nase. Es war sein Lieblingsduft gewesen und sie atmete tief ein. Werner kam langsam näher. Franziska schaute ihn an und nahm ihn bei der Hand.

»Sollte ich bei dieser Aktion sterben, holt mich wieder hinauf und legt mich zu meinem Mann, ich möchte ihm im Tode ganz nahe sein.«

Werner konnte nur stumm nicken.

»Dann lass uns beginnen.«

Am Lager warteten Steffen und Ira auf sie. Hand in Hand gingen sie zum Flugzeug, um Abschied zu nehmen. Das Herz war ihnen schwer. Ihre Toten konnten sie nicht ehrenvoll bestatten, aber die Zeit und die Natur würden sie zu Staub zerfallen lassen und wilde Pflanzen würden über sie hinweg wachsen. In ihren Erinnerungen würden sie für alle Zeit weiterleben.

Mutig ging Franziska zum Abgrund, sie stieg in die Leiter ein und schaute Werner fest an.

»Versprochen?«

»Versprochen!«

Stufe für Stufe begann Franziska den Abstieg und mit Spannung verfolgten sie jeden ihrer Schritte.

»Bitte nicht nach oben schauen, auch nicht nach unten, schau einfach auf die Wand vor dir«, gab ihr Werner mit auf den Weg.

Auf einem kleinen Abhang machte Franziska halt und ruhte sich ein wenig aus, dann stieg sie weiter, Schritt für Schritt, bis sie Boden unter ihren Füßen spürte. Erleichtert atmete sie auf und winkte nach oben.

»Alles okay!«

Fest verpackt und verschnürt ließen sie Maren langsam den Felsen hinunter. Ohne Probleme kam sie unten an. So transportierten sie auch den Piloten.

Steffen war nervös und schaute immer wieder zum Abgrund. Werner ermutigte ihn:

»Komm – lass es geschehen, es wird schon nichts passieren.«

Fest angebunden ließen sie Steffen hinunter. Bei jedem Knarren und Reißen schrie er auf. Plötzlich war Stille. Ira, die auf der Felsennase lag, schaute nach unten und bedeutete Werner, der hinter dem Felsen die Kette herunterließ, dass Steffen in Ohnmacht gefallen war.

»Oh, das ist gut.«

Er kam wohlbehalten unten an. Franziska legte ihn zu den beiden anderen. Werner hangelte sich in die Schlaufen. Von Vorteil war jetzt sein durchtrainierter Körper, doch die bandagierten Beine zogen ihn schwer nach unten. Auf dem kleinen Vorsprung legte auch er eine Pause ein, dann machte er sich an den Rest der Kette. Ira war die Letzte. Sie war rank und schlank und flink wie eine Katze, mit Leichtigkeit kam sie unten an. Langsam erwachte Steffen aus seiner Ohnmacht. Er schlug die Augen auf und schaute auf den riesigen Felsen vor ihm. Dann entdeckte er die Kleiderkette, die ihn von schwindelerregender Höhe hinuntergetragen hatte. Mit Tränen in den Augen sah er auf die Menschen, die dort standen.

»Danke«, sagte er leise.

Sie machten sich auf den Weg. Tims Kinderwagen, den sie mit heruntergebracht hatten, nutzten sie als Transportmittel für Maren, den jungen Mann banden sie Steffen auf den Rücken. Mühsam suchten sie einen Weg entlang des Meeres bis zu einem weißen Sandstrand. Eine Lagune tat sich vor ihnen auf, das Wasser schimmerte in smaragdgrünen Farben und in einem wunderschönen Himmelblau.

Im Moment hatten sie für diese Schönheit kein Auge. Sie schleppten sich durch den weichen Sand. Ein Fluss mündete ins Meer, dort machten sie halt. Ein großer Felsbrocken versperrte dem fließenden Wasser den Weg und es bildete sich ein kleiner

See. Eine natürliche Felsentreppe führte auf eine grasbewachsene Terrasse, der Felsen bildete dort große Höhlen, wie eine fünf Zimmerwohnung. Auf der rechten Seite war der Blick auf den großen, weißen Felsen gerichtet, der wie ein Mahnmal im Meer stand. Links erstreckte sich ein Mischwald bis hoch in die Felsen.

»Wenn wir Nahrung finden, werden wir hierbleiben«, sagte Werner, der sich begeistert umschaute.

»Und unsere Wunden lecken!«, meinte Steffen zynisch.

»Ich möchte weiter, hinter den Felsen, vielleicht leben dort Menschen, die uns helfen.«

Werner, den sonst niemand so schnell aus der Ruhe bringen konnte, schaute ihn zornig an.

»Dann geh, du kannst dir kaum selber helfen, selbst zum Pinkeln brauchst du Hilfe. Wir werden bleiben.«

Etwas leiser fügte er hinzu:

»Hier können wir gesund werden, an Leib und vielleicht auch an unserer Seele.«

Zerknirscht schaute Steffen zu Boden, er musste Werner recht geben. Die kleinere hintere Höhle richteten sie für Maren und den Piloten ein.

Ira lief zum Fluss, sie hatte dort Fische gesehen. So, wie ihr Großvater es ihr gezeigt hatte, fischte sie vier Prachtexemplare aus dem Wasser und freute sich auf ein köstliches Essen. Franziska, die eine hervorragende Naturwissenschaftlerin war, machte sich auf die Suche nach essbaren Pflanzen. Sie fand Kokosnüsse, Bananen, essbare Wurzeln und Knospen und der Geruch von wilden Kräutern erfüllte die Luft. Ihr Herz schlug höher, hier brauchten sie keinen Hunger zu leiden. Erfreut ging sie zurück.

So vergingen die Tage.

Ira und Steffen folgten heute dem Fluss. Sie waren schon lange unterwegs. Plötzlich verschwand der Fluss im Felsen. Sie horchten, irgendwo rauschte ein Wasserfall. Ratlos standen sie davor.

»Eines Tages werde ich in diesen Berg oder über diesen Berg gehen, ich will wissen, was dahinter ist.«

Steffen schaute den weißen Felsen feindselig an und wandte sich ab. Sie beschlossen, den Fluss zu überqueren und weiterzugehen. Ein lautes Schnattern erfüllte die Luft. Ein großer See tat sich vor ihnen auf. Er war mit Schilf und Binsen bewachsen, Hunderte von Enten nisteten dort. Ira wies Steffen an, leise zu sein. Sie stieg in den See und schwamm zu den Junggesellen, die sich abseits versammelt hatten. Blitzschnell zog sie zwei Enten unter Wasser, hielt ihnen Mund und Nase zu, damit sie erstickten. Sie übergab Steffen die toten Enten und schwamm wieder zurück. Bei den Nestern verhielt sie sich ruhig, schaute hinein und nahm blitzschnell ein Ei heraus. Sie hielt es gegen die Sonne, war es klar, war es essbar. Mit diesen Köstlichkeiten machten sie sich wieder auf den Heimweg. Steffen war über Iras Naturtalent erstaunt.

»Wieso kannst du dies alles?«

Ira erzählte von ihrem Großvater, von der Provence, wo sie aufgewachsen war, vom Fischen und Jagen und vom Überleben in der Natur. Sie erzählte es mit Händen und Füßen und Steffen verstand sie auch ohne Worte, denn Iras Stimme war nach dem furchtbaren Schrei noch nicht zurückgekommen.

Ira hatte die Pflege der beiden Verletzten übernommen. Sie war dabei, Maren mit dem kühlen Wasser des Flusses zu waschen. Maren war unruhig, so, als hätte sie einen bösen Albtraum. Plötzlich schlug sie die Augen auf.

»Thomas, Tim!«

Immer lauter wurde ihre Stimme und sie schrie und schrie und schrie. Werner, der in der Nähe war, eilte herbei und nahm sie in die Arme. Franziska kam dazu:

»Hör auf zu schreien«, herrschte sie Maren an, »du bist nicht die Einzige, die so schreien könnte, wir alle müssten schreien, wir alle haben unsere Liebsten verloren, wir alle trauern, also sei still.«

Augenblicklich war Maren still. Verzweifelt schaute sie Werner an.

»Ist das wahr?«

Werner konnte nur mit dem Kopf nicken, der Ausbruch von Maren hatte ihn sehr mitgenommen.

»Thomas, Tim, Louis, Irene und die Zwillinge, Vera mit ihrem Baby und unser Professor – alle ...«

Er schluckte. Maren legte den Kopf auf seine Schulter und weinte leise. Ira und Steffen hatten sich fest umschlungen, auch sie weinten. Die Erinnerung war noch zu frisch. Nur Franziska wandte sich ab, um ihr Herz hatte sich ein eiserner Ring gelegt und Emotionen drangen nicht mehr hinein.

Schluchzend berichtete Maren von den letzten Augenblicken im Flugzeug.

»Ich sah Tim durch die Luft fliegen, dann hatte ich diesen furchtbaren Schmerz in meinem Bein, von da an weiß ich nichts mehr.«

Werner berührte sanft ihr Bein.

»Die scharfen Blechteile haben dein Bein aufgerissen, wir haben es wieder zusammengeflickt.«

»Ich möchte es sehen, ich möchte mein Bein sehen«, flüsterte Maren. Ira half ihr, die Bandagen abzuwickeln. Sie starrte auf ihr Bein, eine hässliche, rote Narbe kam zum Vorschein. Ohne ein Wort packte sie es wieder ein. Traurig schaute sie Werner und Ira an, schloss die Augen und eine winzige Träne lief ihr übers Gesicht.

Maren ging es von Tag zu Tag besser. Sie akzeptierte ihr verletztes Bein, die Zeit würde auch diese Narbe verblassen lassen. Auf Krücken, die Werner ihr gemacht hatte, bewegte sie sich gut und ging schon zum gemeinsamen Essen, das Franziska zubereitet hatte. Sie war ihr dankbar dafür, mehr auch nicht, denn eine Freundschaft würde nicht daraus entstehen. Franziska benutzte sie als Blitzableiter für alles und jedes. Wo immer sie konnte, ging sie ihr aus dem Weg. Langsam wagte sie sich die Felsentreppe zum Strand hinunter. Das warme und seichte Wasser war verlockend und ein Bad darin tat ihr gut. Das Wasser trug sie fort und den Blick zum Felsen mied sie. Sie sah ihn als ihren persönlichen Feind an, der ihr alles genommen hatte. Aber dann zog es sie doch dorthin, behutsam berührte sie den weißen Stein, er fühlte sich erstaunlicherweise gut und warm an. Sie schloss die Augen und die Gedanken wanderten hinauf zu ihrem Mann und ihrem Kind.

Langsam ging sie einen kleinen Hügel hinauf, dort oben hatte Ira vor ein paar Tagen eine Quelle entdeckt. Das kristallklare Wasser ergoss sich in ein Natursteinbecken, umrahmt von Efeu und Farn. Sie stieg hinein und das kühle Wasser ergoss sich über ihren Körper. Mit Seifenkraut, das sie bei einem Spaziergang gepflückt hatte, pflegte sie ihre langen, blonden Haare. Ira kam dazu, es ging ihr in der letzten Zeit nicht so gut. Hatte sie vielleicht etwas Falsches gegessen? Maren machte sich Sorgen. Ira aber lächelte und sah dabei glücklich aus, sie wölbte ihren Bauch hervor und streichelte ihn.

»Du bist schwanger, du bekommst ein Baby?«

Ira nickte, ihr Gesicht strahlte. Sie schickte hundert kleine Küsse dem Felsen entgegen zu Louis. Maren schaute sie liebevoll an. Etwas Schöneres konnte Ira nicht passieren. Sie umarmten sich herzlich und Maren freute sich mit ihr. Doch sie war auch ein wenig traurig, ihr blieb nur die Erinnerung, die Erinnerung an ihre kleine Familie.

Ira liebte langes Schlafen und so hatte Maren die Pflege des jungen Piloten übernommen. Auch heute saß sie an seinem Bett und massierte seine dünn gewordenen Arme und Beine. Manchmal schaute sie in sein hübsches Gesicht. Die Beule an seinem Kopf war fast verschwunden. Sie strich ihm das lang gewordene Haar aus der Stirn. Aber heute war etwas anders, seine Augenlider flackerten und seine Hände fuhren unruhig hin und her. Sie beobachtete ihn und rief Werner, der in der Nähe saß und an einem Weidenkorb arbeitete.

»Bitte komm her, er wacht auf.«

Werner eilte herbei und setzte sich zu ihm. Große, schwarze Augen sahen ihn ängstlich an.

»Hallo«, sagte Werner sanft.

»Hallo, willkommen zurück.«

Er zeigte keine Reaktion. Werner sprach mit ihm auf Deutsch, Englisch und Spanisch, aber der Junge verstand ihn nicht. Maren, die ihn beobachtete, setzte einen Becher mit frischem Wasser an seine Lippen. Gierig trank er und forderte mehr. Protestartige Laute waren zu hören. Werner schüttelte den Kopf.

»Er hat sein Gedächtnis verloren, er versteht und weiß nichts mehr.«

Steffen, der dazukam und Werners Worte gehört hatte, war entsetzt.

»Er kann uns nicht sagen, wo wir sind und wie wir hier fortkommen?«

Hasserfüllt schaute er auf den Jungen herunter.

»Ich hasse ihn, oh, wie ich ihn hasse!«

Werner schaute ihn lange an.

»Nein, das wirst du nicht tun. Er wird lernen, zu essen, zu trinken, zu sprechen und zu laufen. Wir alle werden ihm dabei helfen, auch du, und du wirst ihn lieben wie einen Bruder.«

Steffen stampfte davon.

»Niemals, niemals.«

Werner schaute dem verängstigten Piloten liebevoll ins Gesicht.

»Wir werden ihn Max nennen«, sagte Werner sanft, »Max, wie das Flugzeug, das er geflogen hat.«

Täglich lernte Max mehr und er lernte schnell. Mit Ira entwickelte er eine innige Freundschaft und verstand ihre Zeichensprache immer besser. Bei Maren suchte er Schutz und Geborgenheit. Dann lehnte er seinen Kopf an ihre Schulter und hörte ihr zu, wenn sie von ihrem kleinen Sohn Tim erzählte. Werner war sein Lehrmeister und er wich ihm kaum von der Seite, wenn er etwas wissen wollte. Und er wollte vieles wissen. Franziska gab ihm Essen und Trinken und das war ihm genug. Aber er fürchtete sich vor Steffen. Dieser gab ihm die Schuld an dem großen Unglück oben am Felsen. Schuld? Was für eine Schuld? Was ist Schuld? Oft ging er zum weißen Felsen und schaute hinauf. Hier musste etwas geschehen sein, das er nicht verstand. Er hätte so gern eine Antwort, aber auch Werner konnte ihm keine geben.

Viele Wochen waren vergangen. In all diesen Tagen hatten sie weder ein Schiff noch ein Flugzeug gesehen. Steffens schlechte Laune wuchs von Tag zu Tag. Er wollte fort, fort von dem verfluchten Felsen, und jetzt war es an der Zeit, ihn von den lästigen

Bandagen zu befreien. Unten am Strand löste Werner die festen Bindungen von Steffens Armen. Wie erlöst atmete dieser auf. Jetzt konnte er wieder Mensch sein, in allen Lebenslagen konnte er sich wieder frei bewegen. Er sprang ins Wasser und freute sich wie ein kleiner Junge. Maren löste auch die fest sitzenden Bandagen von Werners Beinen. Diese waren gut verheilt, es war ein befreiendes Gefühl. Er ließ sich zu Steffen ins Wasser gleiten und sie alberten herum wie zwei ausgelassene Kinder. Ab heute würde die Welt wieder anders aussehen. Franziska, die auf der Terrasse stand und dem lustigen Treiben zusah, wandte sich zornig ab – sie hatte kein Verständnis dafür.

Mit Werners und Steffens Hilfe war ihr Leben jetzt erträglicher geworden. Sie machten aus ihren Höhlen kleine, gemütliche Wohnungen. Aus Bambus stellten sie Betten, Tische und Stühle her. Sie webten bunte Matten aus Binsen und Schilf. In Franziskas Küche stand ein Herd, gefertigt aus den Blechteilen des Flugzeugs, die sie im Meer gefunden hatten. Sie arbeiteten unermüdlich und sprachen sehr wenig miteinander, jeder war mit seiner eigenen Trauer beschäftigt. Nur Maren und Werner gingen oft zu einem Birkenwäldchen, von dort konnten sie den weißen Felsen in der Sonne leuchten sehen. Sie sprachen über Thomas und Tim, über Irene und die Zwillinge und sie trauerten gemeinsam. Manchmal saßen sie auch nur da und schauten auf den Felsen. Würde der Schmerz je aufhören?

Maren liebte die Abende, wenn über dem Meer ein geheimnisvolles, blaues Licht leuchtete. Dann ging sie zum Strand, stieg ins Wasser und schwamm dem Licht entgegen, bis es ganz langsam verschwand.

Auch heute war so ein schöner Abend. Als Maren zum Strand kam, erfüllte ein heftiges Weinen die Luft. Sie schaute sich um und entdeckte Steffen, der dort im Sand saß. Maren setzte sich zu ihm.

»Darf ich dich in die Arme nehmen?«, fragte sie zaghaft.

Steffens Weinen ließ ein wenig nach, er legte den Kopf auf ihre Schulter. Sie streichelte ihn ganz sanft. Langsam berührten Steffens Hände ihren Körper, sie steigerten sich in die Erregung und sie begannen, zu beben und zu glühen. Ihre Lippen fanden sich zu einem leidenschaftlichen Kuss. Sie liebten sich wild und hemmungslos und ihre Körper wälzten sich durch den warmen Sand. Atemlos ließen sie sich ins seichte Wasser gleiten und kühlten ihre erhitzten Körper ab. In diesem Moment waren sie glücklich, sie schauten in die Sterne, die wie Diamanten auf der schwarzen Oberfläche funkelten. Ihre Hände fanden zueinander zu einem neuen Liebesspiel, diesmal sanft, zärtlich und hingebungsvoll. In völliger Umarmung blieben sie im Sand liegen und schliefen ein und die Nacht umhüllte sie mit ihrer Dunkelheit.

Als Maren erwachte, war Steffen fort. Er hatte sie allein gelassen und sie war enttäuscht. Die Sonne ging gerade auf und färbte das Wasser glutrot. Sie glitt hinein und schwamm der Sonne entgegen, um darin zu versinken.

Plötzlich streichelte etwas ihr verletztes Bein, wieder und immer wieder. Sie fühlte nach unten und fühlte die Haut eines Fisches. Panik erfasste sie. Doch dann tauchte er auf, groß und wunderschön. Ein Delfin. Er schwamm um sie herum und spielte mit ihr. Ihr langes, blondes Haar lag wie ein Teppich auf dem Wasser, er tauchte immer wieder darin ein. So etwas Schönes hatte sie noch nie erlebt. Erschöpft ließ sie sich ans Ufer fallen, der Körper des Delfins lag neben ihr, seine Augen schauten sie an und sein Blick kam ihr so vertraut vor. Seltsamerweise hob er kleine Steine auf und bewarf sie damit. Maren lachte und wehrte sie ab. Doch plötzlich, wie ein Blitz, schoss ihr ein Gedanke durch den Kopf …

Das war ein Spiel zwischen ihr und Thomas gewesen. Oft hatte sie darüber gelacht oder sich auch geärgert, wenn es ihr zu viel wurde …

»Thomas?«, hauchte sie ungläubig.

»Thomas …«

Der Delfin schaute sie an. Traurigkeit lag in seinem Blick. Langsam ließ er sich ins Wasser gleiten und schwamm davon. Sie schaute ihm lange nach.

»Ob ich ihn je wiedersehe?«

Sie hoffte es so sehr.

Sie sammelte die Steine von ihrem Körper und suchte nach ihrem Gewand, das sie gestern Nacht abgestreift hatte. Sie ging zu der kleinen Höhle, die sie vor ein paar Tagen entdeckt hatte. Ein dicker Baum stand davor und der große Felsenstein verdeckte den Eingang. Liebevoll legte sie die kleinen Steine in eine Kokosnussschale, dann lief sie eilig nach oben. Werner und Steffen waren in ein lautes Gespräch vertieft. Freudig lief sie auf Steffen zu, doch dieser wandte sich ab. Erstaunt sah sie ihn an, dann rief sie nach Franziska.

»Ich habe einen Bärenhunger, bringst du mir was zu essen?«

Franziska eilte herbei und baute sich vor Maren auf.

»Bin ich dein Dienstmädchen? Hole es dir gefälligst selber.«

Erstaunt sah Maren sie an, dann sagte sie ganz ruhig:

»Du hast recht, Franziska, ab heute werde ich für mich selber sorgen.«

Sie ging in die Küche, Steffen kam ihr nach und hielt sie fest.

»Gestern Nacht, das war ein Ausrutscher, mehr nicht, es hat keine Bedeutung.«

Röte stieg in ihr Gesicht.

»Ja, was auch sonst?«

Sie schämte sich für das, was passiert war, und doch wollte sie es nicht missen. Sie drehte sich um, damit er die Tränen nicht sah, die in ihre Augen gestiegen waren. Sie schenkte Steffen keine Beachtung mehr. Mit ihrem Frühstück setzte sie sich zu Werner. Dieser hatte natürlich die Spannung zwischen den beiden bemerkt.

»Ich muss dir etwas Wunderschönes erzählen«, begann sie leise, »gehen wir zum Birkenwäldchen.«

Der Platz dort oben gehörte ihnen allein und sie erzählte ihm von dem tollen Sonnenuntergang und von dem wunderschönen Delfin, der sie verzaubert hatte. Von der Nacht mit Steffen erzählte sie nichts. Als sie geendet hatte, sagte sie nachdenklich:

»Es war Thomas, glaube mir, es war Thomas.«

Werner schaute zum Felsen, sein Blick war traurig, doch dann lächelte er.

»Ich weiß, ich hatte ein ähnliches Erlebnis.«

Und er erzählte:

»Immer wenn ich Sehnsucht nach Irene und den Kindern habe, komme ich hierher. Ich schaue zum Felsen und bin ihnen sehr nahe. Mir fielen zwei Finken auf. Sie spielten und tollten herum und sie sahen sich so ähnlich wie Andreas und Johannes, dachte ich. Ich pfiff unser Lied und sie horchten auf und kamen näher, setzten sich auf meine Hand und trällerten mit. Erstaunt sah ich sie an und ich hatte meine helle Freude daran. Sie spielten mit mir und zerzausten mein Haar. Fröhlich flogen sie davon. Ich sah ihnen nach, bis sie über dem Felsen verschwanden. Es konnten nur die Zwillinge gewesen sein.«

Werner nahm Marens Hand in die seine.

»Es ist seltsam, aber sie sind bei uns, ich glaube fest daran.«

»Ob ich auch Tim wiedersehe?«

Maren hatte Tränen in den Augen. Still saßen sie beieinander und hielten sich an den Händen.

»Steffen, Max und ich werden morgen fortgehen«, sagte Werner nach einer Weile.

»Wir werden das Land erkunden und sehen, was hinter dem Felsen liegt. Vielleicht gibt es Menschen dort, die uns helfen. Wir werden ein paar Tage fortbleiben oder sogar Wochen, aber wir kommen zurück, ich verspreche es dir.«

»Ja«, sagte sie gedankenvoll, »es wird das Beste sein.«

Liebevoll strich sie ihm über die Hand.

»Ich werde euch vermissen.«

Sie schaute übers Meer, das ruhig und still war.

»Wenn ich ihn wiedersehe, werde ich ihn Tom nennen, er erinnert mich so sehr an Thomas«, sagte sie lachend, in Erinnerung an die schönen Stunden unten am Meer.

Hand in Hand gingen sie zurück und sie zog noch am gleichen Tag in die kleine Höhle unten am Fluss.

Als Maren am Morgen erwachte, war etwas anders. Sie hörte das Meer rauschen und den Fluss plätschern, ganz nah. Sie erinnerte sich – ja, sie war in ihrer kleinen Höhle, allein. Franziska wollte sie nicht mehr und Steffen hatte sich von ihr abgewandt. Es blieben ihr nur noch Ira und Werner, aber die Männer waren fort. Sie schaute nach oben, dort war alles still und ruhig. Ira schlief noch und Franziska war nicht zu sehen. Traurigkeit und Wehmut erfassten sie, sie fühlte sich so allein, doch dann sah sie den Delfin im Meer. Wusste er, wie es in ihr aussah? Ruhig zog er seine Bahnen, dann tauchte er ab und verschwand in der Dunkelheit des Meeres. Sie hörte Schritte, Ira kam näher und setzte sich neben sie. Sie nahm Marens Hand und drückte sie fest. Lange saßen sie so da, jeder in Gedanken verloren.

Ira zog in die große, lange Höhle am Strand. Hier war es kühl und angenehm und es gab viel Platz für ein Kind. Dort oben konnte sie Franziskas Launen nicht mehr ertragen, sie war mürrisch und böse.

Maren und Ira waren unzertrennlich, nur manchmal musste Maren alleine sein. Dann nahm sie ihren Tragekorb und wanderte zum Entensee. Es war schön, am Fluss entlang zu gehen und den Finken bei ihrem Gesang zu lauschen. Vielleicht waren ja Andreas und Johannes dabei. Nahe beim Felsen huschten Erdhörnchen fleißig hin und her und trugen Eicheln und Nüsse fort. Sie schaute ihnen eine Weile zu, dann ging sie ihnen nach. Hinter einem Busch entdeckte sie den Eingang einer Höhle und zwängte sich hinein. Als ihre Augen sich an das Dämmerlicht gewöhnt hatten, war die Überraschung groß, sie stand in einer Amethysthöhle. Das Sonnenlicht brach sich durch einen Spalt in der Decke und ließ die Kristalle in einem violetten und weißen Licht leuchten. Große und kleine Säulen reihten sich auf. Ein Wunder der Natur erlebte sie hier. Sie hatte schon lange gewusst, dieser Felsen war etwas ganz Besonderes und er hatte mystische Kräfte, das spürte sie hier besonders. Behutsam glitten ihre Finger über die Steine. Der Amethyst reinigt Körper und Seele und schenkt inneren Frieden. Lange verweilte sie hier. Sie schloss die Augen und atmete tief durch.

Es sollte ihr Geheimnis bleiben.

Am Eingang fand sie handballgroße, weiße Steine, zwei nahm sie mit. Noch ganz im Banne des Erlebten ging sie zum See. Friedlich schwammen die Enten umher. Sechs Eier nahm sie ihnen weg und bedankte sich dafür. Langsam wanderte sie zum

Eichenwäldchen, sammelte Eicheln und Wurzeln und kehrte zum Flussufer zurück. Auf dem Rückweg pflückte sie noch Löwenzahn und Bärlauch, auch kleine Äpfel und Nüsse wanderten in ihren Korb. Die weißen Steine legte sie obenauf. Es dämmerte schon, als sie nach Hause kam. Sie war müde, aber sie ging noch zum Strand. Sie mochte die Abendstimmung zwischen Licht und Dunkelheit. Die Sonne verschwand soeben hinter dem Felsen und ließ ihn in rosarotem Licht erscheinen.

»Ich habe heute in dein Inneres blicken dürfen und es war wunderschön«, sagte sie leise.

Tage vergingen und auch die Wochen. Maren spürte eine Veränderung an ihrem Körper, ihre Brüste waren voller geworden und ihr sonst so flacher Bauch wölbte sich ein wenig vor.

»Ich bekomme ein Kind.«

Diesen Gedanken hatte sie schon lange. Drei Monate waren es nun schon her, seit Steffen und sie sich am Ufer des Meeres heiß und wild geliebt hatten. Sollte sie nun für diese Liebe bezahlen? Oder würde sie belohnt, mit einem Kind?

Ein Ausrutscher ... hatte Steffen gesagt.

Ein Ausrutscher mit Folgen. Sie hatte ein Kind empfangen in dieser Liebesnacht. Ihr Kind, es würde nur ihr Kind sein. In dieser Nacht lag sie lange wach. Sie dachte über ihr Leben nach, über das mit Thomas und Tim im fernen Deutschland, das hier so tragisch endete und ihr beide genommen hatte. Über das Leben hier und heute, hier an diesem fremden Ort, und über die Männer, die schon so lange fort waren.

Seit Tagen waren sie unterwegs, der Weg zum See war noch einfach. Jetzt wanderten sie entlang des Felsens, über blühende Wiesen, feuchte Moore und dichtes Unterholz. Sie überquerten wild fließende Bäche und oft mussten sie den Weg zurückgehen, um einen neuen zu suchen, der sie über Felsen und Höhlen führte. Sie wanderten am sandigen Ufer des Meeres entlang und der riesige Felsen war ihr stetiger Begleiter. Sie sprachen kaum ein Wort miteinander und ihre Stimmung sank immer tiefer. Wieder einmal mussten sie eine Schlucht umgehen, aus der blauer Dunst aufstieg, und über einen großen Felsen klettern. Eine Quelle sprudelte lebhaft aus dem Gestein. Sie waren am Ende ihrer Kräfte.

»Hier werden wir eine Weile rasten«, sagte Werner bestimmend und schlug das Lager auf. Max machte sich auf die Suche nach etwas Essbarem. Er kehrte mit Pilzen, Wurzeln und kleinen, schmackhaften Äpfeln zurück. Manchmal erwischte er auch Erdhörnchen, die gebraten sehr gut schmeckten. Werner und Max waren schon ein eingespieltes Team, nur Steffen ließ sich gern von Max bedienen.

»Du bist es mir schuldig«, meinte er nur.

Dann ging Max zum Felsen, schaute ihn an und trommelte mit den Fäusten auf den weißen Stein.

»Solange ich nicht weiß, was du mir angetan hast, wirst du nie mein Freund sein!«, schrie er verzweifelt.

Werner schaute ihm zu, dem schmächtigen, zarten Jungen, der so verletzlich aussah.

»Wirst du je erzählen können, was geschehen ist?«, dachte Werner traurig und wandte sich ab.

Zwei Tage ruhten sie aus, dann zogen sie weiter. Das Land wurde flacher und manchmal sah man das Meer durch die Bäume glitzern. Endlich hatten sie es geschafft. Das Ende des Felsens war nahe und er ragte weit ins Meer hinaus. Die Brandung war enorm stark und die Gischt flog meterhoch. Der Wind wehte aus allen Richtungen und er sang ein unheimliches Lied. Wie ein großes Ungeheuer wirkte der Felsen in der Dämmerung, das nicht bezwungen werden will.

In einer geschützten Bucht schlugen sie ihr Lager auf. Hier würden sie ein paar Tage bleiben und versuchen, über den Felsen zu kommen.

Steffen zuliebe …

Vor Erschöpfung legten sich Steffen und Max schlafen. Werner ging zum Meer. Es war ein sternenklarer Himmel, er war allein und das tat gut. Entspannt schaute er nach den Sternen und suchte den großen Bären und den kleinen Wagen. Er konnte sie nicht ausmachen, irgendwie kamen ihm die Sterne unbekannt vor. Seltsam. Eine Sternschnuppe zog vorbei und verglühte in der

Nacht. Sehnsucht kam in ihm auf. Er sehnte sich nach Maren, nach ihrer fröhlichen Art und den gemeinsamen Gesprächen.

»Ich möchte so bald wie möglich zurück«, murmelte er leise, dann ging auch er schlafen.

Als sie am frühen Morgen erwachten, war Steffen verschwunden, mit ihm sein Tragekorb und Proviant.

»Er wird den Weg über den Felsen alleine gesucht haben«, meinte Werner. Aber er machte sich Sorgen, denn es hatte angefangen zu regnen, der Felsen war nass und rutschig. Sie gingen zum Meer und sorgten für ein gutes Frühstück. Am Abend war Steffen immer noch nicht zurück.

»Er wird wohl in den Felsen übernachten, wir werden morgen nach ihm suchen.«

Sorgenvoll legten sie sich schlafen. Der Morgen war kühl und nass. Trotzdem machten sie sich auf den Weg und kletterten durch die gefährlichen Felsenklippen. Von Steffen keine Spur. Weit oben war der Felsen mit Spalten und Löchern versehen.

»Wenn er hier abgerutscht ist, werden wir ihn kaum finden.«

Sie schauten in jedes Loch und in jede Spalte. Plötzlich war Max total aufgeregt.

»Ich habe ihn gefunden, er liegt dort unten, er ist in eine Spalte gefallen.«

Sie versuchten, einen Weg dorthin zu finden.

»Lieber Gott, lass mich nicht zu spät kommen.«

Das waren immer wieder Werners Gedanken. Sie fanden ihn auf einem Felsvorsprung, bewusstlos, jeder Knochen seines Körpers schien gebrochen zu sein. Werner untersuchte ihn vorsichtig, er schüttelte den Kopf.

»Wir müssen ihn hier liegen lassen, transportieren können wir ihn nicht. Es geht um Leben und Tod. Wir müssen unser Lager hier aufschlagen. Wir können auch nicht zurück, nicht mit ihm und auch nicht ohne ihn.«

Sie bauten eine Einschalung aus Erde, Lehm und Sand um Steffen herum. So lag er ruhig und fest. Mehr konnten sie nicht tun, seine Genesung musste die Natur übernehmen. Max kümmerte sich Tag und Nacht um ihn.

»Ich bin es ihm schuldig«, sagte er nur mit einem traurigen Blick, was immer das auch bedeuten mochte, »ich bin es ihm schuldig.«

Das Regenwetter hielt lange an und ein Weg über den Felsen war unmöglich. Werner und Max hatten es aufgegeben, danach zu suchen. Wochen waren vergangen. Steffens Knochenbrüche waren gut verheilt, aber er war immer noch bewusstlos. Manchmal verzog er das Gesicht, als ob ihn böse Träume quälten. Langsam besserte sich das Wetter und die Regenwolken verzogen sich. Die Sonne kam hervor und erwärmte die Erde. In mühevoller Arbeit hatte Werner eine Trage für Steffen geschaffen und sie wollten endlich zurückgehen. Es war ein schöner Tag, als sie aufbrachen. Die Reise war anstrengend und sie schafften nicht mehr als zwei Stunden am Tag. Sie ruhten aus, um neue Kraft zu schöpfen. Hier war die Natur noch wild und rau. Sie ernährten sich von Früchten und Wurzeln und kleinen Fischen in den wild fließenden Bächen. Aber sie waren voller Hoffnung, irgendwann am Ziel ihrer Reise zu sein.

Seit ein paar Tagen hatte sich die Landschaft verändert und sie wanderten durch weite, grüne Wiesen. Plötzlich sahen sie eine Herde Ziegen grasen. Werners Herz schlug höher und er spürte den Geschmack von Fleisch auf der Zunge. Die Tiere waren kaum einen halben Meter groß. Es waren Muttertiere, die zwei Junge mit sich führten. Er bat Max, leise zu sein. Dieser schaute fasziniert auf die kleinen Ziegen, die zutraulich näher kamen. Mit geschickten Händen packte Werner eines dieser kleinen Zicklein und tötete es. Langsam schlich er sich fort, schlachtete das Tier etwas abseits der Herde, würzte es mit Wiesenkräutern, spießte es auf und briet es über einem lodernden Feuer. Ein köstlicher Duft erfüllte die Luft.

Max aber saß mitten in dieser Herde, streichelte und liebkoste die Tiere und verliebte sich total in sie. Der herrliche Duft ließ ihn dann doch zu Werner gehen. Es kostete ihn Überwindung, das Fleisch zu essen, doch dann konnte er nicht widerstehen. Hier blieben sie ein paar Tage. Max liebte die Tiere, er fütterte sie mit allerlei Leckerbissen und die Tiere liebten ihn. Da, wo

Max war, da waren auch die Ziegen. Er bereitete ihnen den Weg, trug sie über Felsen und Bäche und war immer für sie da. Doch heute war eines seiner Zicklein verschwunden. Er suchte schon den halben Tag. Dann entdeckte er eine Öffnung im Felsen und zwängte sich hinein. Es war unglaublich, was er sah. Eilig lief er zu Werner und zerrte ihn mit.

»Komm mit, ich muss dir etwas zeigen, komm mit, komm mit.«

Neugierig geworden lief dieser mit und schlüpfte durch die Öffnung, die Max ihm wies. Es verschlug ihm den Atem, so etwas Schönes hatte er noch nie gesehen. Eine mächtige Grotte tat sich vor ihm auf, Kristalle, wohin sein Auge blickte, leuchteten blau und weiß. Ehrfurchtsvoll schaute er sich um, er kam sich so klein und winzig vor in dieser wunderschönen Kathedrale, die die Natur vor Millionen von Jahren geschaffen hatte. Eine kleine Öffnung war in der Decke, dort schien die Sonne herein und ließ die Steine glitzern wie Diamanten. In der Mitte der Grotte befand sich ein See, das Wasser war ruhig und spiegelte die bunten Kristalle in allen Regenbogenfarben wider. Der Boden war mit feinem, schneeweißem Sand bedeckt, der unter den Füßen angenehm und weich war und den noch nie ein Mensch betreten hatte. Das Wasser zog sie magisch an. Sie zogen sich aus und stiegen in den See, es war wohlig warm und trug sie fort.

»Schließ deine Augen, Max, und träume.«

Es war schwer, sich zu lösen und nach draußen in die Dunkelheit zu gehen. Sie waren wie verzaubert, aber sie gingen zurück zu Steffen, der unruhig auf seiner Decke lag.

In den nächsten Tagen nahmen sie Steffen mit. Sie ließen ihn im warmen Wasser des Sees baden, es tat ihm gut. Der Aufenthalt in der Grotte stärkte Körper, Geist und Seele. Es ging ihm von Tag zu Tag besser und langsam wachte er auf. Unruhig drehte er sich hin und her und murmelte immer wieder:

»Mein Kind ruft! Es ruft nach mir, ich muss zu meinem Kind!«

Werner beruhigte ihn und hielt ihn fest.

»Du hast geträumt, Steffen, es war nur ein Traum.«

Erstaunt sah er Werner an und langsam verblassten die Bilder in seinem Kopf. Mit großem Willen war er bemüht, wieder auf die Beine zu kommen. Erst eine Stunde, dann zwei, dann drei und bald konnte er mithalten, als sie sich wieder auf den Weg machten. Aber er wurde böse und ungerecht. Besonders an Max ließ er seine Launen aus. Dieser aber beachtete ihn kaum, seine Ziegen gaben ihm viel Liebe und die brauchte er. Es tat ihm weh, wenn er eine hergeben musste, aber die Tiere gaben ihnen Fleisch, Milch und ein wunderbares weiches Leder. Sie hatten ihr Leben total verändert.

Die Landschaft veränderte sich wieder einmal, wild und rau, dann wieder lieblich und mild. Hier fühlte sich Steffen wohl, das Land spiegelte seinen Charakter wider. Oft verschwand er für ein paar Tage, dann tauchte er wieder auf. Langsam kam ihnen die Landschaft bekannt vor. Sie umrundeten die blaue Schlucht und bald standen sie am See, ihrem Entensee. Hier würden sie noch einmal übernachten und morgen früh entlang des Flusses nach Hause gehen. Die Vorfreude ließ sie kaum schlafen.

Was würde sie erwarten nach so langer Zeit?

Es war ein schöner Sommermorgen. Maren und Ira waren am Fluss, sie sprudelten nur so vor Lebensfreude. Ira tanzte und sie hatte ihren dicken, nackten Bauch der Sonne zugewandt. Ihr langes, braunes Haar wehte im Wind, wie eine Göttin sah sie aus.

Maren saß auf ihrem großen Stein und schaute ihr zu.

»Ira, du siehst wunderschön aus.«

Sie lachten und waren glücklich. Oben am Berg erschien Franziska. Maren stand auf und winkte ihr zu.

»Komm herunter und schau dir Ira an! Sie strahlt mit der Sonne um die Wette.«

Zornig kam Franziska den Berg herunter, unterwegs hob sie einen Stock auf und schlug damit auf Maren ein.

»Habt ihr keinen Respekt, Respekt vor den Toten dort oben, habt ihr sie vergessen? Ihr stört meine tiefe Trauer!«

Maren, die den Schlägen auswich, stürzte herunter. Hart schlug sie auf und etwas in ihrem Bauch zerriss. Sie sprang auf und lief Franziska nach, die sich eilig entfernte.

»Franziska, bleib stehen, bleib sofort stehen!«

Maren holte sie ein und riss sie herum.

»Wir trauern auch, um jeden Einzelnen dort oben, um meinen Mann Thomas, um meinen Sohn Tim, um Louis, um Irene und die Zwillinge, um Vera und das Baby und um Heinrich. Aber wir leben und sie wollen, dass wir leben, das spüren wir jeden Tag.«

Maren schrie auf, das Baby stürzte aus ihr heraus. Erschrocken hob Franziska es schnell auf. Es war ein Mädchen und es lebte, aber es war so winzig und so klein. Sie gab der entsetzten Ira das kleine Wesen und brachte Maren in ihre Höhle. Tag und Nacht kümmerte sie sich liebevoll um die beiden und Maren ließ es zu. Fünf Tage kämpfte das kleine Menschlein um sein Leben, dann hatte es den Kampf verloren. Franziska legte Maren das tote Baby in den Arm und ging langsam den Berg hinauf, sie hatte große Schuld auf sich geladen. Sie wusste, was sie jetzt tun musste.

Maren saß da, mit ihrer toten Tochter, die sie sechs Monate unter ihrem Herzen tragen durfte. Es war keiner da, der sie tröstete oder in den Arm nahm. Sie war allein. Alles hatte sie verloren, ihren Mann, ihren Sohn und jetzt ihre kleine Tochter. Mehr konnte sie nicht ertragen, aber sie war stark, das wusste sie. Sie schaute lange in das kleine, winzige und friedliche Gesicht ihres Kindes, niemals würde sie es je vergessen können. Sie wickelte es in ein Tuch und nähte es in ein großes Bananenblatt ein. Mit einem zärtlichen Kuss auf den kleinen Kopf nahm sie Abschied. Langsam ging sie zum Felsen. Hier legte sie ihr kleines Mädchen in eine tiefe Mulde und bedeckte es mit Sand und weißen Steinen. Die Sonne verschwand gerade hinter den Felsen. Durch ein kleines Loch im Gestein stahl sich ein Sonnenstrahl und fiel direkt auf den kleinen Hügel. Gebannt schaute Maren zu, sie legte ihre Hände hinein und spürte eine große Kraft, die von diesem Strahl ausging und ihr Trost gab.

»La Ray«, flüsterte sie, »la Ray – das Licht.«

Als sie zurückging, sah sie Ira am Strand liegen. Sie hatte sie seit dem Unglück nicht mehr gesehen. Die Geburt war schon weit vorangeschritten. Tom war bei ihr und das war gut. Bei jeder Wehe umfasste sie den schlanken Körper und hielt sich fest. Maren eilte zu ihr und nach ein paar Stunden war das Baby geboren. Ein Mädchen. Es war eine wundervolle Vollmondnacht und ihre kräftige Stimme hallte vom Felsen zurück. Tom liebkoste das Baby und schwamm davon. Ira streckte ihre Hände nach ihm aus.

»Merci, merci«, murmelten ihre Lippen.

Sich gegenseitig stützend, das Baby auf dem Arm, gingen sie zurück in ihre Behausungen. Die Wellen würden die Spuren der Geburt hinwegspülen. Nachdem Ira und das Baby zur Ruhe gekommen waren, ging Maren zu ihrem großen Stein und schaute zum Felsen. Ihre Augen suchten das Licht, das sie dort aufgestellt hatte. Ihr Blick und ihre Gedanken wanderten hinauf zu Thomas und Tim.

»Wacht gut über sie.«

Dann ging auch sie schlafen.

Ein Monat war seitdem vergangen. Maren saß am Fluss und schnitzte an einer Wurzel. Sie sah Ira mit dem Baby vom Strand kommen. Die Kleine liebte Wasser über alles und besonders Tom.

»Hast du schon einen Namen für dein Baby?«, fragte Maren.

Ira lächelte und nickte.

»Dann lass uns ein Fest feiern, ein Namensfest für dein Baby.«

Ira war sofort begeistert.

»Wir werden Franziska dazu einladen.«

Ira war entsetzt und schüttelte den Kopf.

»Doch, wir haben nur noch uns, Ira, und wir brauchen uns. Ich werde jetzt zu ihr gehen.«

Ganz in Gedanken versunken ging Maren den Weg hinauf zum Plateau. Hier oben war sie nicht mehr seit der verhängnisvollen Nacht. Was würde sie erwarten? Gegen Franziska hegte sie keinen Groll mehr. Natürlich hatte sie Schuld am Tode ihres Babys. Schuld? Wer hat Schuld? Sie, weil sie an diesem Tag fröhlich war und lachen konnte, aber Franziskas Trauer nicht respektiert hatte? Oder Franziskas verbittertes Leid über Heinrichs Tod, der sie so böse und hart werden ließ? Sie wusste keine Antwort darauf. Dann stand sie vor ihr. Sie sah verändert aus, nicht nur der kurze Haarschnitt, auch ihr Gesicht war sanft und weich. Es stand ihr gut. Maren machte einen Schritt auf sie zu.

»Möchtest du morgen den Namenstag von Iras Baby mit uns feiern?«, fragte sie zaghaft.

Erstaunt sah Franziska sie an.

»Du lädst mich dazu ein? Du hast mir verziehen?«

»Ja«, sagte Maren fest und schaute dabei Franziska in die Augen, »ja.«

Bewegt nahm Franziska Maren an die Hand und ging mit ihr zu der alten Eiche, die sich ein wenig vorgebeugt hatte. Liebevoll strich sie über die Baumrinde und nach einer Weile fing sie zu reden an:

»Nachdem ich euch verlassen hatte, ging ich mit einer schweren Last den Berg hinauf, denn ich hatte große Schuld auf mich geladen. Ich war entschlossen, meinem Leben ein Ende zu setzen. Also holte ich mein Seil, das ich schon seit Wochen vorbereitet hatte, und kam hierher zur alten Eiche, suchte nach einem passenden Ast. Ein Raunen und Rauschen ging durch das Geäst und die Blätter bewegten sich stark, obwohl es windstill war.

Tue es nicht – tue es nicht …

Ich glaubte, Heinrichs Stimme zu hören. Einen Augenblick verharrte ich still und lauschte.

Tue es nicht – tue es nicht …

Ich spürte eine große Veränderung in meinem Herzen und ich empfand einen großen Schmerz und Reue über das Leid, das ich dir angetan habe. Mit dieser Schuld muss ich leben, aber ich lebe anders seit jenem Tag und ich liebe diesen alten Baum, der mich gerettet hat. Er erinnert mich an Heinrich und das Rauschen seiner Blätter an seine brummig Stimme.«

Maren hatte mit Tränen in den Augen zugehört.

»Sie sind da, Franziska, sie sind hier unter uns und sie wollen, dass wir leben«, sagte sie mit verhaltener Stimme.

Ein Blatt fiel vom Baum. Sie hob es auf und nahm es zwischen ihre Hände und hauchte einen Kuss darauf.

»Bis morgen, Franziska, es ist noch viel zu tun.«

Dann eilte sie den Berg hinunter. Bevor sie in ihrer Höhle verschwand, winkte sie nach oben, Franziska winkte zurück. Das Eichenblatt legte sie zu den kleinen Steinen in der Kokosnussschale. Sie suchte nach Ira, die schon Vorbereitungen für den nächsten Tag machte.

Es war ein wunderschöner, sonniger Morgen, als die drei Frauen mit dem Baby zum Strand gingen. Ira trat mit ihrem Kind in den Steinkreis, den sie am vorherigen Tag angefertigt hatte. Sie hob es hoch, hielt es dem Felsen entgegen und fing zu reden an, aber ihre Stimme versagte. Maren half ihr.

»Sieh her, Louis, dein Kind, ein Mädchen. Ich werde sie Louisa nennen und ich werde sie lieben, so, wie ich dich geliebt habe. Ich werde ihr von dir erzählen und von Frankreich, unserer Heimat, aber sie wird hier unter diesem Felsen aufwachsen.«

Vom Felsen kam ein großer, bunter Vogel geflogen, geradewegs auf Iras ausgestreckten Arm. Er war wunderschön und sein Gefieder strahlte in der Sonne. Er warf sich in die Brust, ein Vater hätte nicht stolzer sein können. Seine Flügel schlossen sich schützend über dem Baby, dann flog er davon. Eine bunte Feder flatterte zu Boden. Ira hob sie auf und gab sie ihrer Tochter in die kleine Hand.

War es Louis? – Es war Louis!

Von nun an kreiste ein schillernd bunter Vogel über dem Felsen.

Maren nahm ihre geschnitzte Wurzel und stellte sich in den Steinkreis. Doch bevor sie etwas sagen konnte, hörte sie ihren Namen rufen. Erstaunt ließ sie die Wurzel fallen und drehte sich um, sie sah drei Männer am Fluss stehen.

»Werner, Steffen, Max, die Männer sind zurück!«, schrie sie, dann rannte sie los. Sie lagen sich in den Armen, lachten und weinten. Es war ein Fragen und Antworten und die Frauen hingen an den Lippen der Männer. Diese erzählten von wild fließenden Bächen, tief liegenden Tälern, bunt blühenden Wiesen, wo sie die kleinen Ziegen gefunden hatten, und immer war der große, weiße Felsen ihr Begleiter gewesen. »Die Ziegen waren ein Segen für uns, sie gaben uns Fleisch, Milch und Leder. Wir haben sie mitgebracht, sie sind wunderschön.« Die Frauen hörten gebannt zu.

»Und warum wart ihr so lange fort?«, wollte Maren wissen.

»Na ja«, meinte Steffen ironisch, »ich habe so lange geschlafen.«

»Ja«, erzählte Werner weiter, »Steffen verunglückte schwer, er lag lange im Koma. Wir konnten nicht ohne ihn, aber auch nicht mit ihm nach Hause kommen.«

Maren beobachtete Steffen, er hatte sich nicht nur äußerlich verändert, auch seine Art war böse und verletzlich geworden. Er war nicht mehr der Mann, den sie kannte. Nach dem köstlichen Essen verschwand er, so, wie er es immer gehalten hatte. Auch Franziska verabschiedete sich und ging den Berg hinauf. Louisa forderte ihr Recht und Ira verschwand mit ihr in ihrer Höhle. Max ging zu seinen Ziegen.

Maren und Werner saßen am Flussufer, es war ein warmer Sommerabend.

»Es ist schön, wieder hier zu sein«, sagte Werner leise.

»Ich habe dich vermisst.«

Maren streichelte ihm über das lang gewordene Haar, sie sagte nichts. Er nahm ihre Hand und küsste sanft ihre Fingerspitzen. Verlegen stand sie auf.

»Ich werde noch zu Tom gehen«, sagte sie und tief in Gedanken ging sie zum Strand. Sollte sie die Liebkosungen von Werner zulassen? – Sie stieg zu Tom ins Wasser. Er schwamm weit mit ihr hinaus, sie spürte das kühle Nass auf ihrem erhitzten Gesicht und ihr aufgewühltes Herz kam langsam zur Ruhe. Sie dachte an den Namenstag, an Louis und an die Rückkehr der Männer und besonders an Werner und auch an La Ray. Sie würde noch zu ihr gehen. Tom warf sie an den Strand und schwamm davon.

»Du treibst es jetzt schon mit diesem Delfin?«

Maren erschrak. Langsam drehte sie sich um und sah Steffen im Sand sitzen, er hatte sie beobachtet.

»Ja«, sagte sie fest, »ja, und es ist schön.«

Empört sprang Steffen auf.

»Schön! Nichts ist mehr schön. Ich möchte nach Hause, wieder Musik hören, ein Buch lesen, ins Kino gehen oder ins Theater. In eine Bar und tanzen und einen Whisky trinken. All diese Dinge sind schön, aber hier? Was habe ich hier?«

Er wurde laut und schrie:

»Wenn ich nicht bald von hier fortkomme, bringe ich mich um!«

Maren hatte ihm zornig zugehört.

»Tue es doch«, sagte sie jetzt laut, »schwimme, so weit du kannst, hinaus und komme nicht wieder zurück. Oder steige auf den Felsen und springe herunter.«

Einen Augenblick wartete sie, bis sie weitersprach:

»Aber sie wollen dich nicht, Steffen, noch nicht.«

Sie suchte nach ihrer Wurzel, die sie heute Morgen in den Sand geworfen hatte. Zärtlich strich sie über den geschnitzten Namen – La Ray.

»Komm mit, ich möchte dir etwas zeigen.«

»Wohin?«

»Zum Felsen!«

»Nein, dorthin gehe ich nicht!«

Maren zuckte mit der Schulter, drehte sich um und ging den kleinen Pfad entlang. Sie hörte Schritte hinter sich.

»Ich gehe mit, habe ja sonst nichts zu tun.«

Maren lächelte. Als er das kleine Grab entdeckte, fragte er Maren erstaunt:

»Oh, du hast Tim gefunden?«

»Nein, es ist nicht Tim, nur Tom weiß, wo er ist«, antwortete sie ihm.

»Als wenn ein Delfin wüsste, wo dein Sohn ist«, lachte er hämisch.

»Er weiß es.«

Sie zeigte auf ein paar kleine, weiße Schuhe, die Tom ihr vor einigen Monaten gebracht hatte. Sie war traurig darüber gewesen und doch hatte sie sich gefreut, ein Andenken an ihren Sohn zu haben. Sie hatte sie in eine kleine Felsennische gestellt.

Nichts begreifend schüttelte er den Kopf und fragte:

»Wer ist es denn?«

»Es ist deine Tochter, Steffen«, sagte Maren leise.

»Das kann nicht sein, meine Tochter liegt dort oben bei ihrer toten Mutter.«

Die Worte sprudelten boshaft aus ihm heraus.

»Es ist nicht Veras Kind, es ist deine und meine Tochter, es ist dein Ausrutscher – Steffen.«

Ungläubig schaute er sie an.

»Du bist schwanger geworden in dieser Nacht und du hast es verloren? Oh Maren, was ist passiert?«

»Ich bin gestürzt, schwer gestürzt, und das hat sie nicht überlebt.«

»Oh, Maren – ich bin fortgelaufen und habe dich im Stich gelassen.«

Erschüttert fiel er auf die Knie. Allen Hass und alle Wut schrie er sich von der Seele, er weinte laut und hemmungslos. Maren schaute ihn nur traurig an, sagen konnte sie nichts. Langsam kam er zur Ruhe.

»Ich glaube, sie hat mich gerufen mit ihrer feinen, zarten Stimme, immer wieder um Hilfe gerufen. Ich kannte diese Stimme nicht, aber es klang so traurig, dann wurde sie immer schwächer und leiser und plötzlich war es still. Ich erwachte und wollte losrennen, aber mein geschwächter Körper konnte nicht. – Du hast geträumt – beruhigte mich Werner. Nach einigen Tagen gingen wir dann wirklich los. Mir ging es besser und ich vergaß diesen Traum, aber ich hatte mich verändert, ich wurde böse und ungerecht. Max hatte sehr darunter zu leiden.«

Steffen schaute auf das kleine Grab und berührte zart die weißen Steine.

»Sie hat mich gerufen, da bin ich mir ganz sicher. Aber ich konnte ihr nicht helfen, ich konnte meiner kleinen Tochter nicht helfen, so, wie ich Vera und dem Baby nicht helfen konnte und auch dir nicht, es tut mir so unendlich leid.«

Die Sonne verschwand langsam hinter der großen Felsenwand, nur ein winziger Strahl schlüpfte durch einen Spalt und berührte das kleine Grab.

»Schau, Steffen, sie schickt dir ein Licht, lege deine Hände hinein und spüre die Ruhe und die Kraft, die sie dir gibt, um weiterzuleben, hier und jetzt. Wann immer du sie brauchst, komme hierher. Ich gab ihr den Namen La Ray.«

Sie gab Steffen die Wurzel.

»Das Licht«, sagte er ergriffen und legte sie auf den kleinen, weißen Hügel.

Es war schon dunkel, als sie zurückgingen, jeder in seine eigenen Gedanken versunken.

»Kann ich noch etwas bei dir bleiben? Ich kann jetzt noch nicht schlafen«, fragte er.

Maren nahm ihn bei der Hand und sie gingen zum großen Stein. Lange saßen sie dort oben und redeten und die Seele wurde frei. Es war schon spät, als sie sich Gute Nacht sagten. Steffen ging zum Strand, er war es gewohnt, im Freien zu schlafen. Es war eine sternenklare Nacht und die Konturen des Felsens hoben sich schwarz in der Ferne ab. Er sah ein kleines Licht und wusste, dass es der Leuchtstein von Maren war, den sie dort aufgestellt hatte.

»Hätte ich dich retten können, wenn ich nicht fortgegangen wäre?«, murmelte er in die Nacht.

Maren schreckte auf. Hatte sie geträumt oder waren die Männer wirklich zurückgekommen? Sie stand auf und ging nach draußen. Weißer Nebel lag über dem Meer. Sie fühlte sich so allein und sehnte sich nach Geborgenheit. Sie schaute zum Plateau hinauf, dort war es ruhig und still. – Ja, sie würde Werners Zärtlichkeiten zulassen, sie sehnte sich danach.

Durch einen bewaldeten Hügel ging sie hinauf zur Quelle, um ein Bad zu nehmen. Das kühle Wasser vertrieb ihre düsteren Gedanken und sie genoss das prickelnde Gefühl auf ihrer Haut. Ein Duft erfüllte die Luft, den sie von früher kannte, er war köstlich. Eilig lief sie den Berg hinunter. Werner und Franziska saßen beim Frühstück. Als Werner sie kommen sah, sprang er auf und nahm sie in die Arme.

»Franziska hat es mir erzählt, es tut mir so unendlich leid.«

Maren legte ihm den Finger auf den Mund und bat, still zu sein.

»Es ist vorbei, Werner, es ist vorbei.«

Franziska gab ihr von dem gebratenen Ziegenfleisch. Sie war begeistert, lange musste sie auf so eine Köstlichkeit verzichten. Auch das weiche Leder löste in ihr Jubelrufe aus.

»Jetzt möchte ich aber die kleinen Ziegen sehen!«, rief sie und eilte den Berg hinunter.

Fröhlich pfeifend kam ihnen Steffen entgegen. Werner sah ihn erstaunt an, so gut gelaunt und munter hatte er ihn lange nicht mehr gesehen. Er war froh darüber.

Max hatte die Herde auf eine Wiese nahe des Flusses gebracht. Dort wuchsen saftiges Gras und wilde Kräuter. Der Bock, der die Herde immer begleitete und sie nie aus den Augen ließ, stand mitten unter ihnen. Ein prächtiges Tier und Max war stolz darauf. Er freute sich sehr, die Herde den Frauen zu zeigen. Dann sah er Steffen kommen, der den Bock bei den Hörnern packte. Das Tier wehrte sich heftig. Max sprang hinzu, seinen Lieblingen durfte niemand zu nahe kommen.

»So könntest du mich packen«, rief Steffen ihm zu, »bei meinen Hörnern, damit ich endlich wieder zur Vernunft komme!«

Er ließ den Bock los und gab ihm einen liebevollen Klaps.

»Ich möchte mich bei euch entschuldigen und euch um Verzeihung bitten für das, was ich euch angetan habe. Und ich sage Danke für mein Leben, das ihr gerettet habt. Was wäre ich ohne euch, ohne euch alle?«

Werner und Max sahen sich erstaunt an und nahmen Steffen in die Arme.

»Willkommen zurück in unserer Gemeinschaft.«

Noch immer konnte Werner es nicht fassen, dass Steffen sich über Nacht so gewandelt hatte.

»Wer hat es geschafft, dich so zu verändern?«

Steffen schaute Maren an und sagte dann leise:

»La Ray, unsere Tochter.«

Marens Herz klopfte laut und sie schaute in die Runde.

»Er weiß es, ich habe es ihm gesagt, er war an ihrem Grab.«

Schweigend hatten sie zugehört, dann ging Franziska auf Steffen zu.

»Es ist meine Schuld, dass sie gestorben ist, ich kann es mir nie verzeihen, aber mit dieser Schuld muss ich leben.«

Steffen hatte den Kopf gesenkt. Sie hielten alle den Atem an, was würde jetzt passieren? Aber er begann leise zu reden:

»Es hat niemand Schuld. Wir alle haben unter dem furchtbaren Unglück zu leiden. Der eine mehr, der andere weniger.

Ich verspreche euch, ich möchte in einer guten, freundschaftlichen Gemeinschaft mit euch leben, aber ich möchte auch fort von hier, ich möchte wieder nach Hause, lieber heute als morgen.«

Maren, die ihm aufmerksam zugehört hatte, fing leise zu sprechen an:

»Ich werde niemals von hier fortgehen, von Thomas, Tim und von La Ray. Ich könnte sie nie verlassen, sie sind doch meine Familie.«

Franziska pflichtete ihr bei.

»Heinrich wartet oben auf mich, ich möchte dort oben bei ihm sein.«

Maren hob einen dürren Ast auf, drehte ihn nachdenklich in den Händen und gab ihn Steffen:

»Schreibe einen Baumbrief. Suche dir einen Baum, entferne die Rinde und lass ihn von der Sonne trocknen, dann ritze unsere Geschichte ein. Wenn er fertig ist, wird Tom ihn in die Meeresströmung bringen. Von dort wird er forttreiben, irgendwohin, Menschen werden ihn finden und lesen, es wird nach uns gesucht werden, irgendwann.«

Steffen hatte aufmerksam zugehört.

»Ja, ich glaube, es ist eine gute Idee.«

Max hatte sich abgewandt, da war es wieder dieses Wort – Schuld –, würde er es je herausfinden? Traurig griff er in das Fell seiner geliebten Ziegen.

Max blieb am See, hier hatten seine Ziegen die saftigsten Wiesen und die Herde gedieh prächtig. Mit der Zeit hatte er eine große Farm. Das Fleisch, die Milch und das Leder waren von allen heiß begehrt. Mit Steffens Hilfe baute er ein Bambushaus und fühlte sich inmitten seiner Tiere wohl. Immer öfter ging Ira dorthin und eines Tages blieb sie. Aus Ziegenmilch und Wildkräutern konnte sie den besten Käse zubereiten und ihre kleine Tochter Louisa half ihr dabei. Es war nicht nur die Liebe zu den Ziegen, die Ira dort hielt, auch die Liebe zu Max. Sie bekamen zwei Kinder, einen Jungen – Peer – und ein Mädchen – Nicole, und jetzt war ein drittes unterwegs. Der kleine Fluss zum Meer war die Verbindung zu Werner und Maren, die in den Wohnhöhlen geblieben waren. Hier, wo alles seinen Anfang genommen hatte, fühlten sie sich wohl. Ihre Liebe keimte langsam, sie war zärtlich und schön. Ihre Zwillinge – Simon und Marie – machten ihnen viel Freude, sie waren Kinder des Felsens geworden. Mit viel Geduld probierten sie manches aus und nutzten das, was die Erde ihnen zu bieten hatte. Auf den Hängen des Felsens bauten sie wilden Wein an, die Ernte war gut. Sie kochten Marmelade aus Holunder und Hagebutten, die sie im Wald ernteten. Ein kleiner Bienenstock lieferte ihnen süßen Honig. Aus Lehm, Sand und Steinen bauten sie einen Backofen, denn wilder Weizen ermöglichte ihnen, Brot zu backen. Es war ein hartes Leben, aber sie wertschätzten es und waren dankbar, und wenn sie am Abend zum Birkenwäldchen gingen und zum Felsen sahen, dachten sie an ihr früheres Leben. Aber es lag schon so weit zurück und es verblasste immer mehr. Es war jetzt gut so, wie es war.

Manchmal ging Maren hinaus, bis weit hinter den Felsen, dort konnte sie in kleinen Mulden Salz ernten. Dann saß sie hier und hörte dem Wind zu, der ihr Kinderlachen über den Felsen brachte. Sie dachte an ihren kleinen Sohn Tim.

»Was wäre, wenn er auf der anderen Felsenseite lebte?«

Aber vielleicht gaukelte der Wind ihr nur etwas vor, aber es war schön, davon zu träumen.

Franziska liebte die Kinder sehr. Sie lehrte sie lesen und schreiben oder streifte mit ihnen durch die Natur, die ihnen so vieles gab. Zeigte ihnen, dass für jedes Wehwehchen ein Kraut wuchs, und sie hörten aufmerksam zu. Manchmal übernachteten sie in kleinen Höhlen oder unter freiem Himmel. Beim Lagerfeuer erzählte sie ihnen Geschichten und Märchen. Sie konnten nicht genug davon bekommen und in der Nacht rückten sie eng zusammen. Angst hatten sie nicht, denn hier wuchsen sie auf und es war ihre Heimat.

Steffen ging in das Land, das er so liebte. Er baute ein Haus auf den Klippen. Treppen führten hinunter zum Meer, das einmal rau und aufgewühlt und manchmal ruhig und still war. Dann fühlte er eine unbändige Sehnsucht nach Liebe und Zärtlichkeit und dachte oft an Maren und seine unbedachten Worte damals. Es tat ihm unendlich leid.

Tief in ihrem Herzen spürte Maren, wenn es Steffen nicht gut ging, dann musste sie zu ihm. So auch heute. Werner und Simon waren oben im Weinberg, die Arbeit würde sie eine Zeit lang beschäftigen. Marie nahm sie mit bis zur Ziegenfarm. Nicole würde sich freuen, die Mädchen liebten einander sehr. Auch Ira war froh, Maren zu sehen. Ihre vierte Schwangerschaft verlief nicht einfach, aber bald würde das Baby kommen. Maren verbrachte die Nacht dort und machte sich früh am Morgen auf den Weg zu Steffens Land. In ihrem Tragekorb befanden sich Honig und Marmelade sowie Käse von der Ziegenfarm und eine Lederhose, die sie für ihn genäht hatte. Bei ihrer kleinen Grotte verweilte sie ein wenig, um neue Kraft zu schöpfen. Sie übernachtete am Entensee und umrundete die blaue Schlucht. Die Landschaft hatte sich verändert. Der Fluss war wild und aufgewühlt, aber das Meer sanft und weich, golden spiegelte sich die Sonne darin. Der Felsen war hier rau und fiel weit ins Meer hinein, einige Wolken zogen vorüber. Das war Steffen Land.

Plötzlich hörte sie klopfen und hämmern, sie war angekommen. Als Steffen sie erblickte, eilte er ihr entgegen, nahm sie fest in die Arme und wirbelte sie herum.

»Was für eine Freude!«

Gemeinsam gingen sie zum Haus. Maren brach in Jubel aus.

»Oh Steffen, es ist wunderschön geworden.«

Das Bambushaus hatte keine Fenster, aber die Sonne schien durch die schmalen Spalten und warf wunderbare Schatten in den Raum. Aus Treibholz und flachen Steinen hatte er sich ein großes Bett angefertigt und mit Ziegenfellen ausgepolstert. Regale aus Bambus standen an den Wänden und den Steinboden schmückte ein Teppich aus gewebtem Schilf. Die Terrasse hatte er in mühevoller Arbeit mit kleinen Kieselsteinen aufgefüllt und mit Bambussträuchern bepflanzt. Leuchtsteine standen überall dazwischen und verliehen dem Haus eine besondere Atmosphäre. Maren war begeistert. Sie zog in das kleine Gästezimmer, das ähnlich ausgestattet war. Hier würde sie sich wohlfühlen. In der Nähe des Hauses plätscherte ein Wasserfall, schnell lief sie dorthin. Das klare und prickelnde Wasser tat ihr nach der langen Reise gut. Sie schlüpfte in ihr selbst genähtes Lederkleid, das wie eine zweite Haut um ihren Körper lag. Die Muschelkette, die Marie ihr gemacht hatte, schmückte ihre gebräunte Haut. Ihre langen, blonden Haare trug sie offen. Sie fühlte sich gut.

Auch Steffen hatte die Zeit genutzt. Er war immer noch ein attraktiver Mann. Wind und Wetter hatten seinen Körper gebräunt und geformt und der kurz gestutzte Bart stand ihm gut. Marens genähte Hose sowie ein Poncho aus weichen Bambusfäden ließen ihn verwegen aussehen. Er stand am offenen Kamin und das Feuer spiegelte sich in seinen Augen.

Der Duft des gebratenen Zickleins stieg ihr in die Nase, eilig lief sie zur Terrasse. Steffen hatte den Tisch mit allen Köstlichkeiten dieser Insel gedeckt. Es war ein wundervoller Abend und Maren genoss ihn in vollen Zügen. Langsam funkelten die Sterne hervor und ein paar weiße Wolken zogen vorbei. Sie saßen jetzt unten am Strand und Maren streckte ihre langen Beine in den Sand. Dabei wurde ihr große hässliche Narbe sichtbar. Steffen streichelte zärtlich darüber.

»Zwölf Jahre ist es her«, sagte er leise, »werden wir unsere Heimat je wiedersehen?«

Maren nahm seine Hand und schaute ihn traurig an. Über ein Thema sprachen sie nie, aber heute nahm sie allen Mut zusammen.

»Warum durften wir deinen Briefbaum nicht ins Meer bringen damals?«, fragte sie zaghaft.

Eine Weile war es still zwischen ihnen. Er schaute in die Sterne und drückte ihre Hand ganz fest.

»Ich habe Vera gesehen.«

Verblüfft schaute Maren ihn an.

»Vera?«

Zaghaft erzählte er.

»Der Baum war fertig. Alle Namen hatte ich dort hineingeschnitzt und er war schön geworden. Am nächsten Tag wollten wir ein Fest feiern und ihn dann ins Meer zu Tom bringen. Er-

innerst du dich – am Abend ging ich nochmals an den Strand, ich wollte mich von ihm verabschieden, allein. Ich sah eine Gestalt auf dem Baum sitzen. Es war Vera. Vera?, fragte ich erschrocken, sie aber lächelte mich an, zeigte auf die eingeritzten Namen und schüttelte den Kopf. Dann war sie fort.«
»Wohin?«
»Zum Felsen, dort stieg sie empor und löste sich auf. Oh mein Gott, Maren, sie war eine Wolke.«
»Eine Wolke, wie schön! Und das Baby?«
Maren hörte fasziniert zu.
Steffen sah sie erstaunt an.
»Sie hatte keinen Babybauch, sie war schlank und schön, aber eine Wolke. Wie hätte ich euch das erklären sollen? Diesen Baum konnte ich nicht ins Meer bringen, niemals.«
Beide saßen sie still da, mit den Erinnerungen beschäftigt. Maren dachte an Tom, den Delfin, war es wirklich Thomas? Oder der alte Professor, war es wirklich Heinrich im Eichenbaum? Franziska glaubte daran. Die Finken – Johannes und Andreas. Oder Louis, der als großer bunter Vogel vom Felsen flog? Und jetzt die Wolke Vera. Aber wo waren Irene und Tim?
Maren erzählte von ihnen und Tränen standen in ihren Augen.
»Es ist schön zu glauben, dass sie bei uns sind«, sagte sie und stand auf. Nachdenklich ließ sie Steffen allein. Dunkle Wolken zogen auf, sie schaute nach oben und lächelte.
»Ich werde ihn dir nicht wegnehmen. Damals, vor vielen Jahren, war es nur ein Ausrutscher, den wir aber teuer bezahlt haben.«
Und sie dachte an ihre kleine Tochter am Fuße des großen, weißen Felsens.
Am Morgen hatten sich die Wolken verzogen, die Sonne schien und der Himmel war strahlend blau. Maren wollte heute zur Maximiliangrotte, um dort einen Tag zu verbringen. Steffen brachte sie dorthin und ließ sie allein. Sie schlüpfte durch die kleine Öffnung. Ehrfurcht überkam sie immer wieder, wenn sie in dieser großen Halle stand. Barfuß ging sie durch den weichen, weißen Sand zum See. Steffen hatte dort Bambusliegen aufgestellt und bunte Teppiche ausgelegt. Bambuspflanzen säumten die

kleine Wohlfühloase. Sie legte sich auf eine dieser Liegen und schloss die Augen. Von irgendwoher erklang Musik. Es waren wunderbare Töne, mal leise und sanft, mal laut und dumpf. Sie öffnete die Augen und entdeckte hohle Bambusstäbe, die durch die Öffnung der Decke herunterhingen. Der Wind spielte mit ihnen und brachte sie zum Klingen, ein nie endendes Musikstück erfüllte den Raum. Sie war wie in Trance, sie zog sich aus und ließ sich ins warme Wasser gleiten, das sie langsam davontrug. Ihr Herz schlug ruhig und es war nur Freude in ihr.

Jäh wurde sie aus ihren Träumen gerissen. Steffen steckte den Kopf herein und bat sie zum Essen. Sie löste sich nur schwer von diesem wundervollen Ort. Am Eingang drehte sie sich noch einmal um, ihr Blick nahm dieses magische Bild in sich auf.

»Kann es im Paradies schöner sein?«

Sie eilte zu Steffen, der mit einem köstlichen Essen auf sie wartete.

»Hat es dir gefallen?«

Maren umarmte ihn und gab ihm einen Kuss.

»Danke.«

In der kleinen Höhle in den Bergen übernachteten sie. Hier hatte sich Steffen vor vielen Jahren ins Leben zurück gekämpft. Erinnerungen hatte er an diese Zeit nicht, nur diesen einen Traum, der ihn zurückrief, zurück zu seiner kleinen Tochter La Ray.

Am Morgen wanderten sie zurück zu Steffens Haus. Beim Abendessen lernte sie Rufus kennen. Er kam von den Bergen heruntergestürmt. Ein Ziegenbock, stolz und prächtig, das zottelige Fell, weiß und schwarz, hing ihm glänzend zu beiden Seiten seines muskulösen Körpers herab. Den Kopf stolz erhoben zeigte er seine großen, gebogenen Hörner. Würdevoll schritt er zu Steffen, der immer eine Handvoll Wiesenkräuter für ihn hatte. Als verlassenes Baby hatte Steffen ihn gefunden und großgezogen. Es war eine wunderbare Freundschaft zwischen Mensch und Tier geworden. Seine klugen Augen waren auf Maren gerichtet, die ihm jetzt in das zarte und weiche Fell fasste, es war ein Hochgenuss. Aber was genug ist, ist genug. Er rannte davon, hinauf in die Berge, dorthin, wo seine Frauen schon auf ihn warteten.

Maren und Steffen schauten ihm lachend nach. Sie genossen noch den Abend am Meer, bevor sie schlafen gingen.

Die Sonne hatte sich verzogen, als Maren sich wieder auf den Weg nach Hause machte, so, als hätte sie gewusst, dass ihr der Abschied so schwerfiel. Steffen begleitete sie noch bis zum Entensee, dann ging er über die Berge zurück.

Am Fluss lag das Floß. Sie ließ sich über das Wasser treiben und in ein paar Stunden würde sie zu Hause sein. Die Gedanken eilten schon voraus, zu Werner und den Kindern, sie freute sich.

An der Ziegenfarm war es ungewöhnlich still. Werner hatte sie schon gesehen und kam ihr entgegen.

»Gott sei Dank, du bist da«, sagte er ernst und nahm sie in die Arme.

»Ira geht es nicht gut. Sie hatte eine Totgeburt und sehr viel Blut verloren. Ich bin zu spät gekommen und konnte ihr nicht mehr helfen.«

Maren rannte zum Haus. Die Kinder, die sonst wie eine wilde Horde ums Haus fegten, saßen still in einer Ecke. Leise betrat sie die Kammer, in der Ira lag, bleich und schmal. Die zarten Hände lagen ruhig auf der Decke. Sie hatte die Augen geschlossen, doch jetzt öffnete sie sie ein wenig und erkannte Maren. Ein kleines Lächeln erschien auf ihren Lippen. Maren eilte zu ihr, nahm die kleinen Hände in die ihren und streichelte sie zart. Ira schüttelte nur ein wenig den Kopf und schloss wieder die Augen. Franziska kam mit einem frisch aufgebrühten Tee herein, sie schaute Maren an und ihre Augen waren voller Tränen. Still und voller Liebe saßen sie bei Ira, dann holten sie die Kinder herein. Aber wo war Max? In den frühen Morgenstunden schloss Ira ihre Augen für immer. Nahe am Felsen hob Werner eine Grube aus. Als sie Ira und ihr totes Kind dort hineinlegten, sah man einen großen bunten Vogel am Felsen sitzen, Max sah man nicht.

Eine von ihnen war gegangen und die Trauer war groß, aber das Leben ging weiter, es war immer weitergegangen. Werner kümmerte sich um die Ziegenherde, Franziska und Maren um den Haushalt und die Kinder. Aber es war nicht mehr so, wie es war, die Leichtigkeit und die Fröhlichkeit waren verschwunden.

Werner und Maren saßen auf der Terrasse und schauten dem Sonnenuntergang zu.

»Sollte Max nicht zurückkehren, werde ich die Ziegenherde in die Berge treiben, dort können sie allein überleben«, sagte Werner nachdenklich.

»Ich möchte zurück in unser Zuhause.«

»Ja«, antwortete Maren, »wir werden die Kinder mitnehmen, es wird ihnen nicht gefallen, aber es ist das Beste.«

Aus der Dunkelheit löste sich eine Gestalt. Es war Max. Er sah schmutzig und ungepflegt aus. Eine große Traurigkeit lag auf seinem Gesicht und seine Stimme klang heiser.

»Verzeiht mir, ich bin nicht Max, mein Name ist Poulo Myloune.«

Die Überraschung war groß. Werner und Maren sahen sich verblüfft an.

»Seit wann weißt du es?«

Werner sprang auf und ging auf Max zu.

Max hielt sich die Hände vors Gesicht.

»Ira, das tote Baby, das viele Blut. Ich lief fort, weit fort. Ich habe geschrien, mein Kopf tat weh. Dann kamen die Gedanken. Plötzlich wusste ich, wer ich bin, woher ich komme und was ich getan habe. – Alles – ich arbeitete als Zeitungsverkäufer auf dem Flugplatz von San Sebastian. Flugzeuge sind meine große Leidenschaft und es war mein größter Wunsch, einmal damit zu fliegen. An diesem Tag sah ich die kleine Maschine etwas abseits auf der Piste stehen. Allein und unbesetzt – dachte ich. Die Versuchung war groß. Ich rannte los, ein Mal, nur ein Mal eine Runde drehen, es wäre wunderbar. Es war ein heißer Tag, die Luft war wie elektrisiert. Ich flog also los, vogelfrei, doch plötzlich hatte ich keine Gewalt mehr über die Maschine, etwas war stärker und zog sie magisch an. Ich hatte solche Angst! Und dann kam dieser Felsen auf mich zu und es war vorbei. Ich weiß jetzt, was Schuld ist, durch meine Schuld sind die Menschen dort oben gestorben, durch meine Schuld sind Ira und das Baby gestorben. Ich kann mit dieser Schuld nicht leben. Ich werde fortgehen.«

Erschüttert hatten Werner und Maren zugehört, sie nahmen ihn in die Arme.

»Ja, Max, du hattest Schuld an diesem Unglück. Aber die Zeit heilt alle Wunden und es war unser Schicksal. Aber wenn du jetzt fortgehst und deine Kinder alleine lässt, bist du schuld, dass sie ohne Mutter und Vater aufwachsen, möchtest du das?«

Max schluchzte und atmete schwer, dann schüttelte er den Kopf.

»Als Poulo möchte ich alles vergessen, aber als Max möchte ich weiterleben und für meine Kinder da sein. Ich möchte euer Freund sein.«

Werner und Maren lächelten ihn an.

»Du bleibst unser Max und unser Freund.«

»Papa, Papa, bist du zurück?«, rief eine feine Stimme.

»Ja, mein Kind, ich bin zurück.«

»Das ist schön, ich hab dich lieb.«

Werner und Maren blieben noch ein paar Tage. Sie gingen gemeinsam zur kleinen Grotte, dort fanden sie Trost und inneren Frieden. Hier konnten sie auch in ihrem Herzen Abschied von Ira nehmen. Maren nahm einen Leuchtstein mit und legte ihn auf Iras Grab.

Am Morgen nahmen sie Abschied von Max und den Kindern. Franziska wollte bleiben. Maren nahm sie beiseite und fragte lachend:

»Du wirst Heinrich vermissen?«

Franziska lachte zurück. »Er ist da, ich habe ihn mitgenommen, kommt mit!«

Hinter dem Haus hatte sie einen kleinen Eichenbaum gepflanzt.

»Oh, das ist gut.«

Maren gab Franziska einen Kuss auf die Wange und lief schnell zu Werner und den Zwillingen, die schon auf sie warteten. Mit dem Floß waren sie in einer Stunde zu Hause.

Maren vermisste Ira sehr. Sie war wie eine Schwester und Freundin geworden. Oft ging sie die Wege, die sie gemeinsam gegangen waren, dann meinte sie Iras Lachen zu hören und es tat weh. Die Erinnerung an sie würde bleiben und die Zeit auch diese Wunde heilen.

Die Zeit ging viel zu schnell vorbei und schon waren zwei Jahre vergangen. Sie nutzten die Vielfalt der Insel zu ihrem Besten aus. Werner und Maren lernten, die Früchte des Waldes und der Wiesen zu bearbeiten und zu vermehren. Sie legten kleine Felder und Gärten an und dank einer Wasseranlage, gebaut aus Bambusrohren, gedieh ihnen alles prächtig. Sogar der Weinberg in den Felsen brachte reichen Ertrag.

Heute fuhren sie zur Ziegenfarm. Sie hatten das Floß beladen mit Obst und Gemüse. Das frisch gebackene Brot und die Hagebuttenmarmelade dufteten köstlich. Sogar leckeren Most aus dem Felsenweinberg nahmen sie mit, zum Tausch gegen Ziegenfleisch, Butter und Käse. Auch neues Ziegenleder wollten sie mit zurücknehmen.

Die Begrüßung war herzlich, lange hatte man sich nicht gesehen. Max hatte sich sehr verändert, aus dem lustigen ›Jungen‹ war ein ernsthafter, verantwortungsbewusster Mann und Vater geworden. Er war stolz auf das, was er geschaffen hatte, doch Ira, die der Halt in seinem Leben gewesen war, fehlte ihm sehr.

Louisa hatte in ihren jungen Jahren die Käserei ihrer Mutter übernommen. Es machte ihr Spaß, den Käse mit Kräutern und Nüssen zu verfeinern, und sie hauchte jedem ihre eigene Note ein. Jeder Käse war ein Genuss.

Peer war ein Tüftler und Bastler und seine kleinen Werke waren sehr beliebt.

Nicole, die das weiche Leder der Ziegen und die Fasern der Natur liebte, stellte gekonnt Kleidung, Schuhe und Taschen her.

Mit Interesse verfolgte Maren die Entwicklung der Kinder. Sie alle würden ihren Weg gehen.

Franziska war mit den Vorbereitungen des fünfzehnten Jahrestages beschäftigt, umso mehr freute sie sich auf die Anwesenheit von Maren. Sie konnte jede Hilfe gebrauchen. Der fünfzehnte Jahrestag sollte etwas ganz Besonderes werden. In ein paar Tagen würde auch Steffen eintreffen.

Es war ein schöner Sommermorgen, als sie am Strand feierten und den neuen Briefbaum aufstellen wollten, den Peer und Simon geschnitzt hatten. Steffens Baum war mit der Zeit verwildert und die Namen nicht mehr gut lesbar, trotzdem lag er da und erinnerte an das große Unglück vor vielen Jahren. Eine kleine Ziege briet am Spieß und verströmte einen herrlichen Duft. Die Kinder tummelten sich im Wasser und ließen Tom kaum Zeit zum Atmen. Louisa stand am Ufer und schaute dem lustigen Treiben zu. Ein knapper Lederbikini saß auf ihrer sonnengebräunten Haut, ihre langen, blonden Locken flatterten im Wind, sie war wunderschön.

Maren und Steffen saßen auf dem alten, bemoosten Baumstamm. Sie beobachtete ihn.

»Du kannst deine Augen nicht von ihr lassen«, stellte sie fest.

»Ja, du hast recht, sie ist bezaubernd und eine wunderschöne junge Frau, das Ebenbild ihrer Mutter. Ich könnte mich in sie verlieben.«

Maren war entsetzt.

»Steffen, sie ist noch ein Kind!«

Louisa, die die Worte gehört hatte, drehte sich zu Steffen um, warf ihm eine Kusshand zu und lachte.

»Nein«, dachte Maren, »nein, sie ist kein Kind mehr.«

Nach dem köstlichen Essen stellten sie gemeinsam den Baum auf. Groß und mächtig ragten seine verdorrten Zweige empor. Kleine Finken kamen herbei und spielten in seinem Geäst. Werner schaute zu und lächelte geheimnisvoll, er dachte an Andreas und Johannes. Sie fassten sich an den Händen und gedachten der Verstorbenen oben am Felsen, aber auch Iras, die so früh gehen musste.

Am Abend wanderten Maren und Steffen zum Grab ihrer Tochter. Die Sonne ließ ihren hellen Strahl darauf tanzen und ihre Hände fanden sich in der Wärme der Abendsonne, um Kraft zu schöpfen für die kommende Zeit. Es dunkelte schon, als sie zurückgingen. Gespenstisch ragte der Baum in die Höhe. Eine kleine Wolke hatte sich in den schwarzen Zweigen verfangen, sie umschmeichelte das Geäst und löste sich auf. Gebannt schauten sie zu.

»Sie sind immer noch unter uns und das ist schön.«

Maren freute sich auf ein paar Tage ohne Mann und Kinder. Werner und die Jungen begleiteten Steffen nach Hause. Über der blauen Schlucht wollten sie eine Brücke bauen, das verkürzte den Weg zu Steffens Haus um zwei Tage. Die Mädchen verbrachten ein paar Tage im Gebirge, sie suchten nach besonderen Steinen und Mineralien, die sie als Schmuck verarbeiten wollten. Sie waren ganz verrückt danach.

Maren saß mit einer komplizierten Handarbeit auf ihrem großen Stein. Ganz konzentriert verwebte sie die weichen Ziegenhaare zu einem besonderen Muster. Plötzlich hörte sie ein Poltern und Krachen und die Luft vibrierte. Erschrocken sprang sie auf und lauschte, dann trat Stille ein. So schnell sie konnte, lief sie den Berg hinauf. Ein großer, morscher alter Baum hatte sich entwurzelt und aus dem Felsen gerissen. Dort, wo er gestanden hatte, klaffte ein großes Loch. Nachdem sich der Staub gelegt hatte, schaute sie hinein. Sie sah eine riesige Höhle, Steine und Felsbrocken lagen überall verstreut. Das Sonnenlicht fiel durch eine große Öffnung oberhalb des Felsens. Ihr Herz klopfte gewaltig.

Sollte das Licht dort oben die andere Seite des Felsens sein?

Das musste sie herausfinden. Eilig lief sie nach Hause und traf alle Vorbereitungen. Morgen früh, gleich morgen früh würde sie in die Höhle steigen. Vor Aufregung konnte sie nicht schlafen. Es war noch in den frühen Morgenstunden, als sie sich auf den Weg machte. Proviant und eine Schlafdecke nahm sie mit. An den langen Wurzeln des umgestürzten Baumes ließ sie sich herunter. Mühevoll kletterte sie über die Steine und dicken Felsbrocken, aber immer das Licht von oben im Blick. Einige Pausen musste sie einlegen, denn das Atmen fiel ihr schwer. Es dauerte Stunden, bis sie dort oben ankam. Vorsichtig trat sie durch die Öffnung und stand auf einem großen Felsenplateau, bewachsen mit Bäumen und Sträuchern. Neugierig schaute sie sich um. Weit über ihr ragte ein großes Dreieck, überwuchert mit Efeu und Lianen – der Flügel eines Flugzeuges. Ihre Aufregung wuchs von Minute zu Minute. Sie entdeckte einen Grabhügel nahe am Felsen, ein schlichtes Holzkreuz lag darauf. Die Gedanken wirbelten in ihrem Kopf.

»Hier müssen Menschen leben.«

Langsam brach die Dämmerung herein und sie beschloss, die Nacht hier zu verbringen. Angst hatte sie nicht, aber das Gefühl, nicht alleine zu sein, beschlich sie. In der Nähe des Felseneingangs bereitete sie ihr Schlaflager und aß etwas von ihrem Proviant. Es war eine sternenklare Nacht und über ihr zeichnete sich die Kontur des Flügels schwarz ab. Sie gedachte der Menschen, die dort oben ihr Leben verloren hatten.

Plötzlich erhellte sich der Himmel und der Mond trat hervor, groß, rund und umhüllt von einer leuchtend blauen, wässerigen Farbe. Maren schaute fasziniert zu, dann sprang sie auf, die Hände an den Mund gepresst.

»Das ist nicht der Mond, das ist die Erde«, flüsterte sie ergriffen. Sie erkannte Amerika, Afrika und rechts unten Australien, die Ozeane leuchteten in einem strahlenden Blau.

»Oh mein Gott, was ist geschehen?«, und dann erinnerte sie sich an Max' Worte.

»... plötzlich hatte ich keine Gewalt mehr über die Maschine, eine magische Kraft zog sie an ...«

Hatten sie vor fünfzehn Jahren die Erde verlassen? Maren konnte die Augen nicht abwenden, sie schaute ihr nach, bis sie zu einem winzigen Punkt in der Dunkelheit verschwand. Ratlos stand sie da.

»Sind wir hier auf einem Stück verloren gegangener Welt?«

Sie wusste es nicht und ihr Herz klopfte wie wild. Sie musste es Werner und den Kindern erzählen und Steffen. Wie würde er es aufnehmen? Fragen über Fragen, die sie quälten, endlich schlief sie ein.

Fest und traumlos schlief sie in den Morgen hinein. Vogelgezwitscher weckte sie auf. Sie machte sich bereit für das nächste Abenteuer und ging den kleinen Pfad hinunter. Oft blieb sie stehen und schaute sich um. Der große, weiße Felsen blieb jetzt hinter ihr und sie sah das Meer zwischen den Bäumen aufblitzen. Sie hatte es geschafft. Vor ihr lag ein riesiger Sandstrand, zwei junge Menschen spielten dort, die erschrocken innehielten und auf sie zukamen. Maren hielt den Atem an – Thomas kam auf sie zu, aber er war noch so jung, und das Mädchen? Wer war das Mädchen? Spielten ihre Nerven ihr einen Streich? Sie war einer Ohnmacht nahe und fiel in den Sand. Beim Erwachen hörte sie Stimmen von irgendwoher, auch lag sie in einem weichen Ziegenfell.

»Ich bin zu Hause«, dachte sie und rief nach Werner.

»Es war doch nur ein Traum.«

Eine Frau beugte sich über sie. Sie kannte diese Frau, aber woher?

»Hallo«, sagte eine fremde Stimme.

»Wie kommen Sie hierher?«

»Durch den Felsen, ich bin durch den Felsen gekommen.«

»Durch den Felsen kann niemand kommen, viele Jahre haben wir einen Weg hindurch gesucht, aber vergebens.«

Die Frau schüttelte den Kopf.

»Doch«, sagte Maren fest, »ein Erdrutsch hat es möglich gemacht.«

Und sie erzählte von dem umgestürzten Baum, der ein riesiges Loch in den Felsen gerissen hatte. Während sie erzählte, schaute sie immer wieder auf den jungen Mann, der Thomas so sehr ähnlich sah.

»Wer seid ihr?«, fragte Maren leise.

Die Frau nahm Marens Kopf in beide Hände und mit Tränen in den Augen stammelte sie:

»Ich bin Irene, Werners Frau. Du hast seinen Namen gerufen, er lebt!«

Maren nickte nur, sie war nicht fähig, auch nur ein Wort zu sagen.

»Und du bist Maren, Thomas Winterfelds Frau.«

Immer wieder schüttelte Maren den Kopf. Wie war es möglich, wie war es nur möglich? Sie konnte es nicht fassen.

»Was ist damals vor so vielen Jahren passiert?«, flüsterte sie leise.

Irene setzte sich neben Maren ans Lager, nahm die Hände ihrer beiden Kinder und schaute Maren traurig an. Dann begann sie zu sprechen:

»Der Flug war anstrengend, mir war heiß und ich war müde. Eine gewaltige Erschütterung riss mich aus dem Schlaf, ich flog durch die Luft und landete kopfüber in Bäumen und Sträuchern. Ich ließ mich zu Boden fallen, Gott sei Dank war mir nichts geschehen. Laut um Hilfe schreiend schaute ich mich um und entdeckte das Baby, das leblos in einem Baum hing. Ich holte es herunter, es atmete noch. In einer Ecke fand ich die schwangere Frau. Auch sie war aus dem Flugzeug geflogen. Sie stöhnte leise und ihr Atem wurde schwach. Sie verstarb in meinen Armen. Ich tastete den Bauch ab und stellte fest, dass das Baby noch lebte.«

Irene atmete tief durch, bevor sie weitersprach.

»Ich musste es retten, irgendwie, also zog ich es aus ihrem Bauch. Es war ein Mädchen und es lebte. Und wieder schrie ich um Hilfe, aber keiner hörte mich, es herrschte Totenstille. Ich hatte Angst, aber ich fasste Mut, zog meine Kleider aus und wickelte die Kinder ein. In der Ecke des Felsens fand ich ein großes Loch, in das ich die tote Frau legte und mit Steinen bedeckte. Mit den beiden Babys im Arm kletterte ich den Abhang hinunter und hoffte dort unten auf Hilfe, aber niemand war da. Ich lief durch das Wäldchen und schrie und schrie, aber niemand hörte mich. Ich war verzweifelt, was sollte ich tun? Wir hatten überlebt, aber um welchen Preis. Plötzlich sah ich die kleine Ziegenherde, mein Herz schlug höher. Ich lockte sie heran, sie waren sehr zutraulich. Bei einer Mutter, die zwei Zicklein hatte, ließ ich die Kinder trinken. Es war riskant, aber einen Versuch wert. Den beiden bekam die Milch sehr gut, sie gediehen prächtig – wie du sehen kannst.«

Voller Stolz nahm sie die Kinder in den Arm und stellte sie vor.

»Das ist Ben, dein Sohn, Maren.«

Maren war wie benommen.

»Ben? Wieso Ben, das ist Tim.«

Aber die Erinnerung an ihn war verblasst.

»Und das ist Lena?«

»Ja«, sagte Maren tonlos.

»Vera und Steffens Tochter.«

Jetzt endlich liefen ihr Tränen über das Gesicht, sie fasste die beiden an den Händen und schaute Irene an.

»Ich danke dir, Irene, ich danke dir von ganzem Herzen.«

Mehr konnte sie nicht sagen.

Ben und Lena saßen still da, sie kannten die Geschichte, die Mutter hatte sie ihnen immer wieder erzählt. Aber jetzt kam jemand durch den Felsen, der ihnen berichtete, wer sie waren und woher sie kamen. Begreifen konnten sie es nicht.

Und Maren erzählte von Franziska und Max, von der Ziegenfarm, die ihnen so viel Lebensqualität schenkte, und von Louisa, die hervorragenden Käse herstellen konnte, und von den wunderbaren Ledersachen von Nicole, von Peer mit seinen tollen Ideen. Mit Tränen in den Augen berichtete sie auch von Ira, die so früh von ihnen gegangen war, und von dem Land im Norden, das Steffen so sehr liebte. Irene hing an ihren Lippen, als sie von Werner sprach und von ihren Kindern Simon und Marie.

Es gab viel zu erzählen und es war schon spät in der Nacht, als sie endlich zur Ruhe kamen.

Maren wollte noch einen Tag bleiben. Irene und die Kinder zeigten ihr voller Stolz die kleine Heimat, die sie sich geschaffen hatten. Der Felsen zeigte hier seine volle Größe, die steinernen Wände ragten hoch hinauf. Ein Waldstreifen schlängelte sich am Fuße entlang und der einzige Fluss wurde von einem Wasserfall gespeist, der in einem See endete. Das Meer war aufgewühlt und rau. Es regnete häufig und die Sonne kam nur am Abend über den Felsen, aber sie war warm und schön. Die Natur gab ihnen alles, was sie brauchten, um zu überleben, hier waren sie glücklich.

Ben stand in dem kleinen Fluss und fing einige Fische für das Mittagessen. Er war jetzt sechzehn Jahre, ein kraftvoller, gut aussehender junger Mann. Maren schaute ihn immer wieder an, so hatte sie ihn vor Augen, wenn sie an ihn gedacht hatte.

»Kann ich dir helfen?«, fragte Maren näher tretend.

»Nein«, sagte er laut und heftig, »bleib weg! Ich habe eine Familie, eine Mutter und eine Schwester, die ich sehr liebe, ich möchte, dass es so bleibt, ich will dich nicht.«

Maren fuhr erschrocken zurück, mit diesem Ausbruch hatte sie nicht gerechnet. Dort stand Tim, ihr kleiner Sohn Tim, den sie geboren hatte, aber nicht hatte aufwachsen sehen. Aber war das wirklich ihr Tim, war es nicht eher Irenes Sohn Ben, der

dort stand? Es tat weh, aber wenn sie Tim nicht noch einmal verlieren wollte, musste sie ihn jetzt als Ben akzeptieren. Das Sprechen fiel ihr schwer:
»Ja, Ben, ich habe dich geboren und ich habe dich bei dem großen Unglück verloren. Ich wusste, dass du lebst. Der Wind hat mir dein Lachen über den Felsen gebracht und ich habe von dir geträumt, aber ich durfte dir keine Mutter sein, das tut mir unendlich leid. Du hast in Irene eine wunderbare Mutter, auch ich möchte, dass es so bleibt, aber darf ich dir eine Freundin sein?«
Sie ging auf Ben zu und reichte ihm die Hand.
»Freunde?«
»Freunde!«, sagte er und lachte, es war Thomas' Lachen.
Hand in Hand gingen sie zurück zu Irene, die schon auf sie wartete. Maren schaute auf Lena, die bei ihr stand. Sie sah La Ray dort stehen. Würde sie heute so aussehen – Steffens Tochter? – Der Schmerz in ihrem Herzen war groß und sie sehnte sich nach dem kleinen Grab nahe am Felsen.
»Es ist alles gut«, sagte Maren und nahm Irene in den Arm. Sie verbrachten noch viele schöne Stunden miteinander, aber dann wollte Maren zurück nach Hause. Irene, Ben und Lena begleiteten sie noch bis zum Höhleneingang. Hier wollten sie noch die Nacht verbringen. Lena legte einen Stein mit dem eingeritzten Namen ihrer Mutter auf den Steinhügel.
»Endlich habe ich einen Namen für sie – Vera.«
Am Abend entzündeten sie ein kleines Lagerfeuer und warteten auf den besonderen Moment. Aus dem Dunkel der Nacht kam die erleuchtete blaue Erde hervor und zog langsam ihre Bahn. Und ehe sie verschwand, nahmen sich Maren und Irene in die Arme, sie weinten.
»Unsere Heimat, wir werden sie nie wiedersehen.«
Es war eine sternenklare Nacht und von Ferne hörten sie das Rauschen des Meeres. Sie saßen still beieinander und dann erzählte Maren von Tom, dem Delfin, der plötzlich aufgetaucht war und ihr das Gefühl gab, Thomas zu sein. Der immer zur Stelle war, wenn sie Trost brauchte. Auch Werners Erlebnisse mit den kleinen Finken erzählte sie. Lachend berichtete sie von

dem großen bunten Vogel, der bei Louisas Namensnennung vom Felsen flog und sie beschützte, aber nach Iras Tod verschwand. »Wir haben ihn nie wieder gesehen. – Später ist auch Heinrich zu Franziska gekommen, sie erkannte ihn an der alten Eiche, die oben bei unseren Höhlenwohnungen steht und die Franziska so viel Kraft gegeben hat. Ihre Früchte hat sie mitgenommen zur Ziegenfarm. Aus ihnen wächst ein großer, kräftiger Baum. Er wird noch da stehen, wenn wir nicht mehr sind.«

Vom Felsen kamen kleine, weiße Schleierwolken, sie wirbelten herum und kamen näher. Eine setzte sich auf das Grab und blieb dort eine Weile, dann schwebte sie fort und streichelte dabei Lenas Kopf.

»Das ist Vera«, flüsterte Maren und schaute ihr gedankenvoll nach. Sie mochte nicht von La Ray sprechen, sie gehörte ihr allein und die Gedanken an sie mochte sie mit keinem teilen, auch mit ihrem Sohn nicht.

Sie rückten näher zusammen und schliefen dem Morgen entgegen. Maren verabschiedete sich mit dem Versprechen, bald mit Werner und den Kindern zurückzukommen. Durch die zerklüfteten Felsen kletterte sie dem Ausgang zu.

Eilig lief sie nach Hause. Werner und die Kinder waren noch nicht zurück, so ging sie zur Quelle und nahm ein ausgiebiges Bad. Das klare Wasser spülte den Staub der Höhle ab und es prickelte auf ihrer Haut. Umhüllt von einem Lederponcho ging sie zum Strand in der Hoffnung, Tom zu sehen. Dieser ließ sich aber auch nach lautem Klopfen nicht blicken. Enttäuscht wanderte sie zum Felsen. In einer Nische standen immer noch Tims kleine Schuhe, die sie in die Hand nahm und nachdenklich betrachtete, dann schaute sie hinauf zum Gipfel. Dort oben hatte sie ihren kleinen Sohn Tim verloren, für immer. Sie ging zurück, eine große Traurigkeit war plötzlich in ihr. Von ihrem Stein aus blickte sie übers Meer, von dort kam langsam die Dunkelheit gekrochen. Einsamkeit und Sehnsucht überkamen sie, Sehnsucht nach Musik und Tanz, nach Theater und Kino, nach Licht und Straßenlärm. Doch dann sah sie zwei Delfine im Mondlicht tanzen und spielen und die Gedanken verschwanden so schnell, wie sie gekommen waren. Sie lächelte.

»Tom hat eine Gefährtin.«

Sie legte sich in die alte Hängematte und schaute in die Sterne, die tausendfach von oben herab leuchteten. Bald darauf schlief sie ein.

Ein zärtlicher Kuss weckte sie auf, sie blinzelte. Werner stand über sie gebeugt. Sie streckte die Arme nach ihm aus und flüsterte: »Liebst du mich?«

Als Antwort gab Werner ihr einen leidenschaftlichen Kuss.

»Ich muss dir etwas sagen«, sagte Maren noch ganz außer Atem, »aber oben in unserem Birkenwäldchen.«

Sie schnupperte, ein köstlicher Duft stieg ihr in die Nase.

»Komm, die Kinder haben Frühstück gemacht.«

Werner zog sie mit auf die Terrasse, wo Simon und Marie schon auf sie warteten. Sie herzte und küsste sie und sie erzählten von ihren Erlebnissen. Simon schwärmte von der Brücke, die sie über die blaue Schlucht gebaut hatten, sie verkürzte den Weg zu Steffens Haus um zwei Tage. Das war wunderbar.

»Steffen ist hier, bei Franziska und Max«, sagte Werner nebenbei.

»Oh«, sagte Maren erstaunt. Und bei Louisa, dachte sie. »Wie lange will er bleiben?«

»Ein paar Tage vielleicht.«

»Das ist gut.«

Erstaunt sah Werner sie an – was meinte sie damit?

Marie konnte nicht mehr still sitzen, sie lief los.

»Mama, ich habe dir etwas mitgebracht, schau!«

Sie gab Maren eine Decke, kunstvoll gefertigt aus Ziegenhaar und Leder, sie war wunderschön. Maren war begeistert. Auch Simon hatte etwas mitgebracht, ein kleines Nest, darin befanden sich zwei kleine, nackte Erdhörnchen. Sie waren vom Baum gefallen.

»Ich werde sie füttern und großziehen«, sagte er selbstbewusst.

Maren betrachtete das kleine Nest und schaute traurig über den Fluss. Erinnerungen kamen auf, Erinnerungen an Ira, sie hatte vor vielen Jahren zwei Entenküken großgezogen – Anton und Berta.

»Das heißt viel Arbeit und Verantwortung.«

Dabei schaute sie ihren Sohn liebevoll an, sie wusste, dass sie sich auf ihn verlassen konnte. Konnte sie es auch auf Werner? Sie hoffte es sehr. Würde er bei ihr bleiben oder ging er zurück zu Irene?

Als die Kinder endlich zur Ruhe kamen und zu Bett gingen, nahm sie Werner bei der Hand und ging mit ihm zum Birkenwäldchen. Der weiße Felsen leuchtete im Abendrot. Sie hatte ein wenig Angst, aber dann sagte sie leise:

»Ich war dort auf der anderen Seite.«

Werner schaute sie verständnislos an.

Maren erzählte. Sie erzählte mit Händen und Füßen, mit Lachen und Weinen, und als sie geendet hatte, schaute sie erwartungsvoll auf Werner. Er zitterte und suchte Halt, setzte sich auf den Boden, denn seine Beine trugen ihn nicht mehr. Sein Kopf brummte. Er konnte nicht richtig denken, eine Bombe hatte eingeschlagen – wie war das nur möglich? – Nach einiger Zeit war alles wieder klar und deutlich.

»Wie sieht sie aus?«, fragte er mit belegter Stimme.

»Klein und zierlich, ihre schwarzen Haare trägt sie zu zwei Zöpfen geflochten. Silberfäden ziehen sich hindurch. In ihrem Gesicht zeichnen sich die Jahre, aber ihr Lächeln ist voller Wärme.«

Werner vergrub sein Gesicht in die Hände. Sie strich ihm sanft übers Haar.

»Wir werden morgen zu ihr gehen, ich habe alles vorbereitet.«

Sie ließ ihn allein. Zu Hause schaute sie nochmals nach den Kindern, sie schliefen. Auch sie ging zu Bett. Nach einiger Zeit kam Werner nach Hause, legte sich neben sie und nahm sie in die Arme.

»Ich liebe dich, ich liebe dich sehr, du bist mein Leben«, hauchte er.

Beim Frühstück erzählte Maren den Kindern von ihren Erlebnissen jenseits des Felsens. Natürlich kannten sie die Geschichte des Flugzeugunglücks und auch die Namen der Toten, sie standen auf dem Jahresbaum. Es hatten drei Menschen überlebt. Sie fanden es spannend und aufregend und konnten kaum noch still sitzen.

Sie waren froh, als es endlich losging. Das Klettern in der Höhle war für sie ein großes Abenteuer. Oft blieb Simon stehen und schaute sich um.

»Wir müssen eine große Treppe bauen, damit wir leichter zu dem Tor dort oben kommen.«

Er war kaum zu bremsen und konnte es gar nicht abwarten, dort hinaufzukommen, aber es war sehr anstrengend und mühselig, überall lagen große Felsbrocken im Weg. Endlich waren sie auf der kleinen Lichtung angekommen. Maren zeigte ihnen Veras Grab. Werners Erinnerung an sie war sehr lebendig. Er schaute nach oben, er hatte die Teile des Flugzeuges erkannt und ihm wurde kalt, er fröstelte. Aber es waren nicht nur die dunklen Wolken, die vorüberzogen und die Sonne verdunkelten, es waren auch seine Gedanken, die er bei dem Anblick hatte. Er meinte die Hilferufe zu hören, aber der Wind wehte sie weg.

Sie verbrachten die Nacht in der Nähe der Höhle. Die Erde zeigte sich heute nicht.

Am frühen Morgen stiegen sie voller Erwartung den Abhang hinunter. Ben und Lena warteten schon ungeduldig. Maren nahm sie bei der Hand und stellte sie vor:

»Das ist Ben, euer Bruder, und Lena, Steffens Tochter.«

Vom Wäldchen her kam eine Gestalt.

»Irene!«

Werner stutzte, dann lief er los. Sie fielen sich in die Arme und ließen sich nicht mehr los. Maren konnte die Augen nicht von ihnen wenden, bis Ben sie mit sich zog. Im Lager briet ein Zicklein auf dem Spieß und es duftete köstlich. Es wurde ein schöner Tag, harmonisch und gut. Doch die Angst in Marens Herzen wuchs – würde er bei ihr bleiben? Sie musste jetzt ein wenig alleine sein und ging zum nahen Wäldchen, ihre Gedanken schlugen Purzelbäume. In der Nähe hörte sie den Wasserfall rauschen. Schnell lief sie dorthin, zog sich aus und genoss das kalte, klare Wasser, das prickelnd über ihren Körper floss. Es machte den Kopf wieder klar. Sie sah Irene am Ufer sitzen, klein und zierlich und so zerbrechlich.

»Komm«, sagte sie, »setze dich zu mir.«

Sie nahm ein Ledertuch und trocknete Marens Haare, leise begann sie zu reden.

»Fünfzehn Jahre, sie sind eine Ewigkeit. Lange habe ich um Werner und die Zwillinge getrauert, abends, wenn ich alleine war und die Kinder schliefen. Doch dann verging meine Trauer, ich hatte eine neue Familie, um die ich mich kümmern musste. Ich hatte diese zwei wundervollen Kinder Ben und Lena. Als ich Werner wiedersah, nach all diesen Jahren, war mir, als ob ein verloren gegangener Bruder nach Hause gekommen sei. Ich habe ihn lieb, aber ich liebe ihn nicht.«

Maren schaute sie an, konnte sie Irene Glauben schenken? Sie lächelte, ja, sie konnte es.

»Wirst du mit Ben weggehen?«, fragte Irene ängstlich.

»Nein, Irene, Ben ist dein Sohn.«

Eng umschlungen gingen sie zum Lager zurück. Werner stand dort und winkte ihnen zu, sie winkten zurück. Es entstand eine wunderbare Freundschaft.

Sie verbrachten eine schöne Zeit auf der anderen Seite des Felsens, doch bald wollten sie wieder zurück. Irene, Ben und Lena begleiteten sie. Sie waren aufgeregt. Sie standen vor der Öffnung der Höhle und hatten Angst, dort hineinzugehen. Die Höhle war immer ein großes Tabu für sie gewesen, die Mutter hatte es ihnen verboten. Sie war dunkel und geheimnisvoll. Doch heute schien die Sonne dort durch das große Loch und tauchte sie in ein graues Dämmerlicht. Nach der anstrengenden Kletterei waren sie auf der Sonnenseite des Felsens angelangt. So hatten sie das Meer noch nie gesehen. In grünen und blauen Farben schimmerte das Wasser und die Sonnenstrahlen tanzten einen Reigen. Der Himmel war strahlend blau. Wie verzaubert liefen Ben und Lena am Strand entlang und voller Begeisterung bestaunten sie die Höhlenwohnungen und das Baumhaus am Fluss.

Maren hatte Iras ehemalige Höhle für Irene und Lena eingerichtet und Ben wollte unbedingt ins Baumhaus. Der Abend brach herein und in der Ferne leuchtete der weiße Felsen im Abendrot. Sie wünschten sich eine gute Nacht und schliefen dem Morgen entgegen.

»Ich muss Irene meinen Weinberg zeigen!«, rief er Maren nach dem Frühstück zu. Er nahm Irene bei der Hand und zog sie mit sich fort. »Sie wird begeistert sein.«

Maren lachte, Angst hatte sie nicht mehr, ihr Herz war frei. Sie verbrachte den Tag mit den Kindern am Strand, die ausgelassen im warmen Wasser badeten.

Nebel lag noch auf dem Fluss, als die sieben Menschen sich in den frühen Morgenstunden auf das Floß setzten und zur Ziegenfarm fuhren. Lena war aufgeregt, bald würde sie ihren Vater kennenlernen. Sie nahm Bens Hand und ließ sie nicht mehr los. Sie zitterte.

Still und ruhig lag die Farm da, nur aus der Ferne hörte man das Meckern der Ziegen. Werner pfiff zweimal und lockte somit Franziska und Max herbei. Wie vom Blitz getroffen standen sie da, bis Franziska ihre Sprache wiederfand.

»Ich weiß, dass hier seltsame Dinge vor sich gehen, aber dass Tote wiederauferstehen, ich kann es nicht glauben.«

Sie breitete die Arme aus und Irene flog hinein.

»Irene – Irene«, weinte sie laut, dabei schaute sie immer wieder auf die beiden Fremden.

Maren, die gerührt zuschaute, nahm jetzt Ben und Lena zu sich und zu Franziska gewandt sagte sie in festem Ton:

»Es sind Irenes Sohn Ben und ihre Tochter Lena.«

Max konnte es nicht fassen, er schüttelte immer wieder den Kopf.

»Wo kommen sie denn auf einmal her?«

»Wir kommen von der anderen Seite des Felsens.«

Und während Irene die Geschichte erzählte, nahm Franziska Maren beiseite.

»Es ist nicht Irenes Sohn, Maren, es ist Tim, dein Sohn. Wer aber ist dieses Mädchen?«

»Ja, Franziska, es ist Tim und das Mädchen ist Steffens Tochter. Nach fünfzehn Jahren sind es Irenes Kinder, wir alle wollen es so.«

»Wo ist Steffen?«

Sie nahm Lena bei der Hand, sie wusste, wo sie suchen musste, bei Louisa. Als er Maren bemerkte, lachte er, aber sein Lachen erstickte.

»Vera? – Vera?«, murmelte er und suchte einen Halt.
»Wo hast du sie gefunden?«

Lena fuhr erschrocken zusammen und klammerte sich an Maren, die schützend die Arme um sie legte.

»Steffen, das ist deine Tochter, deine und Veras.«
»Und wo ist Vera?«, schrie er immer wieder.

Lena lief fort, sie mochte diesen Mann nicht. Sie hatte Angst vor ihm. Sie lief zu Ben, da war sie sicher.

»Vera lebt nicht mehr, aber deine Tochter«, sagte Maren und setzte sich ins hohe Gras.

»Komm, ich erzähle dir die ganze Geschichte.«
»Sie sieht aus wie Vera, wie ihre Mutter.«

»Nein, nicht ganz«, lachte Maren und zeigte auf das tiefe Grübchen in seinem Kinn.

»Sie haben es von dir, Lena und La Ray.«

Gemeinsam mit Louisa, die stillschweigend alles mit angehört hatte, gingen sie zurück zum Haus. Dort hatte Franziska ein köstliches Essen auf den Tisch gebracht. Es gab gebratene Enten, Omelette mit Pilzen und Ziegenkäse mit einem frischen Wildkräutersalat, angereichert mit Weintrauben aus Werners kleinem Weinberg. Irene, Ben und Lena staunten über so eine reiche Vielfalt und es schmeckte ihnen vorzüglich.

Sie wollten aber auch die Sonnenseite des Felsens kennenlernen, vom Süden bis zum Norden. Werner und Maren nahmen sich Zeit dafür. Sie wanderten hinunter zum Entensee. Die ersten Küken waren geschlüpft und Lena hatte ihre helle Freude daran. Aber sie mochte nicht zuhören, als Werner ihnen erklärte, wie nützlich so eine Ente sei, von ihren Eiern berichtete, ihren Federn und ihrem wohlschmeckenden Fleisch. Ben hörte interessiert zu. Auf ihrem Weg kamen sie auch an Marens Grotte vorbei. Sie zögerte, es war ihr Heiligtum, doch dann ging sie mit ihnen hinein. Die Schönheit dieser Grotte ließ sie verstummen. Irene nahm ihre beiden Kinder an die Hand und so verweilten sie eine kleine Ewigkeit.

Sie gehörten zusammen, für alle Zeit.

Beim Verlassen der Grotte legte Maren einen winzigen Kristall in Bens Hände.

»Damit er dich immer beschützen möge.«

Über die Wanderwege, die im Laufe der Zeit entstanden waren, kamen sie zur blauen Schlucht. Dichter Nebel stieg empor und hüllte alles in geheimnisvollen, blauen Dunst. Dort, an der engsten Stelle, hatten Werner, Steffen, Simon und Peer vor wenigen Wochen eine Brücke errichtet. Die Bambus-Stangen lagen fest über der Schlucht und Lianenseile schwangen von einem Ende zum anderen. Simon war mächtig stolz darauf, denn Treppen- und Brückenbauen war seine große Leidenschaft. Bald erreichten sie Steffens Land und sein Haus.

Er war über die Berge zurückgegangen, er wollte alleine sein. Der Gedanke, dass er eine fast erwachsene Tochter hatte, im fast gleichen Alter wie Louisa, war schwer. Viel zu oft musste er an Louisa denken, die er liebte und begehrte. Er wollte ihr Frankreich, Paris und die ganze Welt zu Füßen legen, aber Maren hatte alle seine Träume zunichtegemacht – die Welt war so unendlich weit weg. Hier musste er den Rest seines Lebens verbringen, hier bei diesem großen, weißen Felsen, den er so sehr hasste. Hoffnungslos schaute er in den Himmel, Schleierwolken zogen vorüber. Er dachte an Vera.

Wollte sie nur Vater und Tochter zusammenbringen?

Er glaubte daran und Freude kam in ihm auf, ja, er freute sich auf seine Tochter. Er hörte Stimmen, da kamen sie, müde und verstaubt. Herzlich nahm er sie in die Arme und gemeinsam verlebten sie schöne und erholsame Tage.

Werner und Maren brachten Irene und die Kinder zur Maximiliangrotte und ließen sie dort allein. Sie standen in dieser wunderschönen Halle, großes Staunen lag in ihren Augen und Ehrfurcht machte sich in ihren Herzen breit. Ehrfurcht vor der Schönheit der Natur. Lange verweilten sie hier. Sie sprachen kein Wort, um die Ruhe nicht zu stören, nur ganz leise war das Pfeifen der Bambusrohre zu hören, wenn der Wind mit ihnen spielte. Mit Wehmut verließen sie die Grotte und die Harmonie klang noch lange in ihnen nach.

Werner ging mit Lena zu dem Ort, wo er mit Max um Steffens Leben gekämpft hatte. Er erzählte ihr viel und Lena lernte ihren

Vater besser kennen und verstehen. Sie freute sich darauf, ihn wiederzusehen.

Sie blieben noch ein paar Tage, dann gingen sie zurück. Starker Nebel stieg aus der Schlucht und die Sicht war schlecht. Sie konnten die Brücke nicht erreichen und nahmen den Weg über die Berge. Am Entensee übernachteten sie ein letztes Mal. Das Floß lag noch am Fluss und es brachte sie bis zur Ziegenfarm, dort wurden sie herzlich begrüßt.

Werner hatte es eilig, wieder in seinen geliebten Weinberg zu kommen, und so zogen sie alle gemeinsam in die Strandhöhlen. Ben und Lena lernten in der Lagune schwimmen und oft gesellte sich auch Tom dazu. Er wich nicht von Bens Seite. Doch Ben wollte zurück, zurück auf die andere Seite des Felsens, dorthin, wo er aufgewachsen war. Er liebte das raue Meer und die salzige Seeluft, die Wälder und den wilden Fluss, den Wasserfall mitten in dem kleinen See. Dort wollte er wieder fischen. Er wollte wieder Regen auf seiner Haut spüren, er wollte zurück. Er ging und Lena begleitete ihn. Steffen baute ihnen ein Haus und jeder Tag mit seiner Tochter war wie ein Geschenk. Sie konnte ihm stundenlang zuhören, wenn er von Vera erzählte, von ihrem Liebreiz, ihrer Starrköpfigkeit und von ihrer schlimmen Eifersucht. Er erzählte von ihrer gemeinsamen Arbeit, die sie beide so gefesselt hatte, und von ihrer Schwangerschaft. Dann stiegen sie hinauf zu Veras Grab. Sie schauten in den Himmel, es war keine Wolke zu sehen.

Ihre Aufgabe war erfüllt, Vater und Tochter hatten zusammengefunden …

Viel zu oft sah man Steffen bei Louisa, er liebte die junge Frau sehr und sie machte es ihm leicht. Er aber hielt sich zurück und verschwand für viele Wochen in sein Haus im Norden. Louisa fiel die Trennung schwer und eines Tages war sie fort. Aber sie kam zurück, an der Hand hatte sie ihre kleine Tochter Vivien.

Steffen war auf der Suche nach einer besonderen Ziege nicht nach Hause gekommen. Sie suchte ihn tagelang, aber sie fand ihn nicht. Ihre Trauer war groß und sie vermisste ihn sehr. Nur ihre kleine Tochter gab ihr Halt und Trost. Ihre ganze Liebe steckte sie von nun an in die Käserei und ihre kleinen Köstlichkeiten waren sehr begehrt.

Es wurde nicht sehr um Steffen getrauert. Nur Maren ging zum Strand und setzte sich dort, wo sie sich einst so geliebt hatten, nieder und ließ den warmen Sand durch ihre Finger gleiten. Ihr Herz war schwer und sie ließ den Tränen freien Lauf. Ihr Blick ging zum Felsen, dort sah sie ein kleines Licht leuchten und ihre Gedanken waren bei La Ray.

Die Zeit verging viel zu schnell. Franziska war alt geworden. Sie saß eingehüllt in einer warmen Decke unter ihrer Eiche, die sie einst gepflanzt hatte. Ihre müden Augen schauten hinauf in das grüne Laub des Baumes. Sie sah Heinrich, nickte und lächelte ihm zu, dann schlief sie sanft ein. Ihr großer Wunsch war es gewesen, dort oben in der Spitze des Felsens bestattet zu werden, dort, wo ihr der Felsen den geliebten Mann genommen hatte. Dort bei dem alten Flugzeugwrack und bei Heinrich wollte sie liegen. Ben, Simon und Peer hatten dort oben Vorbereitungen getroffen. Sie waren das erste Mal hier oben und eine tiefe Trauer überkam sie. Ben wusste, dass er mit diesem Flugzeug von der Erde kam und dass dort sein Vater lag, das Herz war ihm schwer. Er schloss die Augen und seine Gedanken waren bei den Menschen, die dort ihr Leben verloren hatten. Simon und Peer ließen das mitgebrachte Seil herunter, um damit Franziska nach oben zu holen.

Werner, Maren, Irene und Max standen unten am Felsen. Sie nahmen Abschied und schickten Franziska auf ihre letzte Reise. Werner erinnerte sich an ihre Worte vor vielen Jahren:

»Wenn ich sterbe, holt mich wieder hinauf und legt mich zu meinem Mann, im Tode möchte ich ihm ganz nahe sein ...«

Heute war ihr Tag, sie würde dort oben sein, bei ihrem Mann Heinrich. Werner hatte es versprochen. Die Männer bestatteten Franziska neben den verrotteten Überresten des Flugzeugs. Unten auf dem kleinen Plateau saßen die Frauen mit ihren Kindern und sangen die Lieder, die sie Franziska gelehrt hatte. Gemeinsam gingen sie durch die Höhle zurück zum Strand, dort schnitzten sie Franziskas Namen in den Jahresbaum. Es war eine schöne Feier und sie hätte ihr gefallen.

Auf dem ausgetretenen Pfad ging Maren zum Felsen. Das Meer hatte dort auf den Klippen eine feste Salzkruste hinterlassen, die sie ernten wollte. Sie füllte ihre Kokosnussschalen und ruhte sich ein wenig auf den Steinen aus. Ihre Beine ließ sie im Wasser baumeln und der Wind zerzauste ihr weiß gewordenes Haar. Kinderlachen schallte zu ihr herüber, so wie damals, als sie hoffte, Tim wiederzusehen. Sie hatte ihn wiedergesehen, aber sie musste ihn gehen lassen als Irenes Sohn Ben. Immer wenn sie Sehnsucht nach ihm hatte, ging sie durch die Höhle auf die andere Seite des Felsens.

Heute wusste sie, das Lachen kam von ihren Enkelkindern, von Bens und Lenas und von Simons und Nicoles Kindern. Ja, sie alle hatten ihren Weg gefunden.

Auf dem Heimweg ruhte sie sich bei den Jahresbäumen ein wenig aus. Seit ein paar Tagen stand auch Steffens Name dort. Zärtlich strich sie mit der Hand über die frisch eingeritzten Buchstaben.

Simon und Peer hatten ihn auf seinem Land gefunden. Sie waren auf der Suche nach einem neuen Bock gewesen, denn Rufus' Nachkommen waren immer noch die besten. In einer tiefen Spalte fanden sie Steffens sterbliche Überreste. Er war dort gestürzt und zu Tode gekommen. Sie bestatteten ihn in der Nähe seines Hauses. Über sein Grab hängten sie einen Traumfänger, damit er die bösen Geister von ihm fernhielt und er in Frieden ruhen konnte. Mit dieser traurigen Nachricht waren sie nach Hause gekommen. Louisa ging jetzt oft dorthin. Sie setzte sich auf die Klippen, und wenn der Wind ihre Haut berührte, spürte sie ihn ganz nah.

In Gedanken verweilte Maren eine Weile. Sie hatte Steffen geliebt, anders als Thomas und Werner. Wenn sie an ihn dachte, dachte sie auch an die zügellose Leidenschaft, die sie beide hier am Strand erfasst hatte. Nie mehr hatte sie so geliebt.

Werner war anders, sanft und ruhig. Sie schaute hinauf zu den Höhlen und ging zu ihm nach Hause. Seit einem Schlaganfall lag er still und ruhig da. Sie setzte sich zu ihm und nahm seine leblose Hand in die ihre. Sie summte ihm die bekannten Lieder seiner Söhne Andreas und Johannes vor und manchmal meinte sie, einen leichten Händedruck zu spüren. Irene kam oft zu Besuch, dann leuchteten seine Augen auf. Maren ging dann still hinaus, hinunter zu ihrem großen Stein. Hinaufklettern konnte sie nicht mehr. Die Abendsonne hatte ihn erwärmt und sie lehnte sich an ihn. Ihr Blick ging weit übers Meer. Vielleicht würde sie ja in der untergehenden Sonne, die sich im Meer spiegelte, einen Delfin springen sehen. Vielleicht …

Jahre sind seitdem vergangen. Ein junger Mann stand oben am großen Felsentor. Gedankenverloren schaute er sich um. Weit oben erkannte er das verwilderte Dreieck. Er wusste, dass es der Flügel des Flugzeuges war, das seine Vorfahren vor vielen Jahren hierher gebracht hatte und dort oben zerschellt war. Er legte Blumen auf das kleine Grab in der Ecke des Felsens. Er kam gerne hier herauf, hier konnte er träumen. Eine Stimme schreckte ihn auf.
»Martin, kommst du? Das Jahresfest beginnt!«
Er schaute hinunter, dort unten stand Vivien. Sie war das Ebenbild ihrer Mutter Louisa, wild und leidenschaftlich wie ihr Vater Steffen und manchmal so bunt und verrückt wie ihr Großvater Louis. Er lachte und winkte ihr zu:
»Ich komme gleich, nur noch einen kleinen Moment!«, rief er hinunter.
Und dann kam dieser Moment. Groß und rund und in leuchtend blauer Farbe zog die Erde, die Heimat seiner Vorfahren, langsam vorbei. Sehnsucht kam in ihm auf, wie gerne würde er die Länder kennenlernen. Er spürte eine Hand in der seinen und wusste, dass es seine Großmutter Maren war. Lange schaute er der Erde hinterher, bis sie als kleiner, leuchtender Punkt im Nichts verschwand. Seine Gedanken wurden frei. Er lebte hier und jetzt und der Felsen war seine Heimat. Eilig lief er die Treppe hinunter, die

sein Vater Simon vor Jahren gebaut hatte. Unten wartete Vivien auf ihn. Hand in Hand gingen sie zum Strand und feierten dort mit den anderen das Jahresfest.

Maren verschwand wieder. Dort, wo ein winziger Sonnenstrahl ein kleines Grab berührte, dort, bei ihrer Tochter La Ray am Fuße des großen, weißen Felsens, hatte auch sie Ruhe und ihren Frieden gefunden.

Die Autorin

Helga Capitain, Jahrgang 1944, besuchte die Handelsschule und machte anschießend eine Versicherungslehre. Sie arbeitete als kaufmännische Angestellte und kümmerte sich um ihre vier Kinder. In ihrer Freizeit reist und werkelt die Autorin gerne.

novum VERLAG FÜR NEUAUTOREN

Der Verlag

> *Wer aufhört*
> *besser zu werden,*
> *hat aufgehört*
> *gut zu sein!*

Basierend auf diesem Motto ist es dem novum Verlag ein Anliegen neue Manuskripte aufzuspüren, zu veröffentlichen und deren Autoren langfristig zu fördern. Mittlerweile gilt der 1997 gegründete und mehrfach prämierte Verlag als Spezialist für Neuautoren in Deutschland, Österreich und der Schweiz.

Für jedes neue Manuskript wird innerhalb weniger Wochen eine kostenfreie, unverbindliche Lektorats-Prüfung erstellt.

Weitere Informationen zum Verlag und
seinen Büchern finden Sie im Internet unter:

w w w . n o v u m v e r l a g . c o m

Bewerten Sie dieses Buch auf unserer Homepage!

www.novumverlag.com